高等职业教育铁道工程专业校企合作系列教材

高等职业教育"十三五"规划教材——轨道交通类

铁路工程概预算

习题与实训

主　编○杨素娟

副主编○许红叶　　陈　超

主　审○谢黔江

西南交通大学出版社

·成都·

图书在版编目（ＣＩＰ）数据

铁路工程概预算习题与实训／杨素娟主编. —成都：西南交通大学出版社，2016.7（2022.7 重印）

高等职业教育铁道工程专业校企合作系列教材　高等职业教育"十三五"规划教材. 轨道交通类

ISBN 978-7-5643-4857-1

Ⅰ. ①铁… Ⅱ. ①杨… Ⅲ. ①铁路工程 – 概算编制 – 高等职业教育 – 习题集②铁路工程 – 预算编制 – 高等职业教育 – 习题集 Ⅳ. ①U215.1-44

中国版本图书馆 CIP 数据核字（2016）第 179008 号

高等职业教育铁道工程专业校企合作系列教材
高等职业教育"十三五"规划教材——轨道交通类

铁路工程概预算习题与实训

主编　杨素娟

责 任 编 辑	姜锡伟
封 面 设 计	何东琳设计工作室
出 版 发 行	西南交通大学出版社
	（四川省成都市二环路北一段 111 号
	西南交通大学创新大厦 21 楼）
发 行 部 电 话	028-87600564　028-87600533
邮 政 编 码	610031
网　　　址	http://www.xnjdcbs.com
印　　　刷	成都蓉军广告印务有限责任公司
成 品 尺 寸	185 mm × 260 mm
印　　　张	7.75
字　　　数	173 千
版　　　次	2016 年 7 月第 1 版
印　　　次	2022 年 7 月第 2 次
书　　　号	ISBN 978-7-5643-4857-1
定　　　价	20.00 元

课件咨询电话：028-87600533

图书如有印装质量问题　本社负责退换

版权所有　盗版必究　举报电话：028-87600562

前　言

　　本书根据湖南高速铁路职业技术学院"铁道工程技术专业人才培养方案"中"铁路工程概预算"及实训课程标准编写，紧紧围绕社会的发展和企业实践的需要，主要培养学生准确的造价测算能力，使其能够进行概预算编制、工程量的计算以及标底、报价等文件的编制工作。课程建设注重课程理论的基础性与系统性，同时也注重内容的实用性与操作性，本着"精讲多练"的原则进行设计。

　　本书作为《铁路工程概预算》的配套教材，对于铁路工程概预算课程进行了整合，将全书分成习题与模拟实训两个部分编写，并附有习题部分的参考答案。该教材填补了《铁路工程概预算》课程辅导教材的空白，突出了实用性、趣味性、可操作性的特点，既注重概预算理论的把握，也注重实训的练习、概预算编制技能的提高。本书可以作为高职高专铁路工程概预算课程的教学用书，也可以作为概预算编制人员的岗位培训教材。

　　本教材大量习题来源于工程实践或者同类职业资格考试辅导教材，引入工程量清单计价及清单项目的内容，增加高速铁路路基、桥梁、隧道概预算编制内容，增加案例分析的比重，并以案例教学为主，体现了职业教育的特色。

　　全书由湖南高速铁路职业技术学院杨素娟主编和统稿，由许红叶和陈超担任副主编，湖南高速铁路职业技术学院谢黔江主审。编写具体分工如下：学习情境一、二、六及相关实训由湖南高速铁路职业技术学院杨素娟编写，学习情境三及实训由湖南高速铁路职业技术学院陈超编写，学习情境四及实训由湖南高速铁路职业技术学院金能龙编写，学习情境五及实训由湖南高速铁路职业技术学院许红叶编写。同时，湖南高速铁路职业技术学院的陈花林、马占生、曾锟、龚海育等同志参与了本书的讨论和编校工作，在此一并表示感谢。

　　本书可以作为高职高专和各类成人教育铁道工程专业、工程造价专业及相关交通土建类专业教材使用，也可作为铁道工程及相关交通土建工程等相关技术人员参考使用。但是，由于时间仓促，书中难免有不妥之处，敬请广大读者批评指正。

编　者

2016 年 6 月

目 录

第一部分 习 题

第二部分 模拟实训

第一部分 习 题

学习情境一 铁路工程概预算基础知识

一、知识点总结

（一）基本建设的概念及作用

1. 基本建设的概念

基本建设，是国民经济各部门为了扩大再生产而进行的增加（包括新建、改建、扩建、恢复、添置等）固定资产以及与之相联系的建设工作，简称基建。

固定资产，一般是指使用年限在一年以上，单位价值在规定标准以上，并且在使用过程中基本上不改变实物形态的劳动资料和其他物资资料，如房屋、建筑物、机器、机械、运输设备等。

根据现行财务制度的规定：使用年限在一年以上的；单位价值在 2 000 元以上，并且使用年限超过两年的也应作为固定资产。

达不到固定资产标准的，称为低值易耗品。

2. 工程建设程序

工程建设程序是指工程建设工作中必须遵循的先后次序，见图 1-1-1。它反映了工程建设各个阶段之间的内在联系，是从事建设工作的各有关部门和人员都必须遵守的原则。

3. 基本建设的特点

（1）建设周期长、物资消耗大。

（2）涉及面很广，必须协调好各方面的关系，取得各方面的配合和协作，做到综合平衡。

（3）建设产品具有固定性。

（4）建设过程不能间断，要有连续性。

（5）建设产品具有单件性。

（6）产品生产具有流动性，即生产者和生产工具经常流动转移。

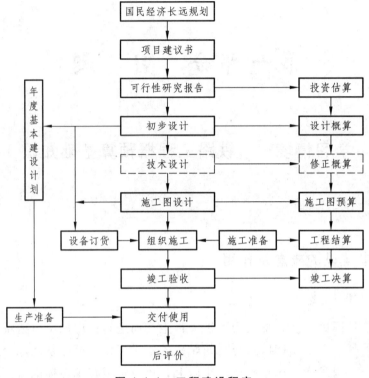

图 1-1-1　工程建设程序

（二）基本建设的分类及特点

1. 基本建设的分类

（1）按建设性质不同分：

① 新建项目；② 扩建项目；③ 改建项目；④ 恢复项目；⑤ 迁建项目。

（2）按投资的用途不同分：

① 生产性建设项目；② 非生产性建设项目。

（3）按建设总规模分：

工程建设项目按建设总规模和投资的多少一般分为大型、中型和小型建设项目。划分标准根据行业、部门的不同有不同的规定。

（4）按资金来源和渠道不同分：

① 国家投资项目；② 银行信用筹资项目；③ 自筹资金项目；④ 引进外资项目；⑤ 利用资金市场项目。

（5）按基本建设投资构成分：

基本建设按投资构成的不同可分为四大类：建筑工程、安装工程、设备工器具购置和其他费用。

（6）按工程建设项目的层次分：

① 建设项目；② 单项工程；③ 单位工程；④ 分部工程；⑤ 分项工程。

2．工程建设产品和工程建设特点

（1）工程建设产品的特点：

① 产品的固定性；

② 产品的多样性；

③ 产品形体的庞大性。

（2）工程建设的特点。

工程建设的特点是由工程建设产品本身的特点所决定的。其具体特点如下：

① 施工流动性大；

② 施工的单件性；

③ 施工周期长；

④ 受外界干扰及自然因素影响大；

⑤ 施工协作性高。

（三）基本建设投资测算体系

投资额按工程的建设程序进行分类，有如下几种：

（1）投资估算，一般是指在投资前期（预可行性研究报告、可行性研究报告）阶段，建设单位（业主）向国家申请拟定项目或国家对拟定项目进行决策时，确定建设项目在规划、项目建议书、可行性研究报告等不同阶段的相应投资额而编制的经济文件。

（2）概算，又分为设计概算和修正概算两种。设计概算和修正概算是指在初步设计或技术阶段（按三阶段设计时），由设计单位根据设计图纸、概算定额、各类费用定额、建设地区的自然条件和经济条件的资料，预先计算和确定建设项目从筹建至竣工验收的全部建设费用的经济文件。

（3）投资检算（施工图预算），是在施工图设计阶段，设计单位根据施工图设计计算工程量，结合施工组织设计、预算定额、现行编制办法编制的反映工程造价的优化施工图设计的经济文件。

（4）标底，是一项重要的投资额测算，是评标的一个基本依据，也是衡量投标人报价水平高低的基本指标，在招投标工作中起着关键作用。

（5）报价，是由投标单位根据招标文件及有关定额（有时往往是投标单位根据自身的施工经验与管理水平所制定的企业定额），并根据招标项目所在地区的自然、社会和经济条件及施工组织方案、投标单位的自身条件，计算完成招标工程所需各项费用的经济文件。

（6）施工预算，是施工单位在投标时或其基层单位（如项目经理部）在合同签订后，按企业实际定额水平编制的预算，在施工图预算的控制下，根据施工图计算分项工程量、施工定额、实施性施工组织设计或分部分项工程施工过程的设计及其他有关技术资料，通过工料机分析，计算和确定完成一个工程项目或一个单位工程或其中的分部分项工程所需的人工、材料、机械台班消耗量及其他相应费用的经济文件。

（7）工程结算，习惯上又称为工程价款结算，即验工计价，是项目结算中最重要和最关键的部分，是项目结算的主体内容，占整个项目结算额的 75%～80%。建设工程价款结算可以根据不同情况采取多种方式：① 按月计算；② 竣工后一起结算；③ 分段结算；④ 约定的其他结算方式。

（8）竣工决算，是在建设项目完工后竣工验收阶段，由建设单位编制的建设项目从筹建到建成投产或使用的全部实际成本的技术经济文件。

（四）概预算文件的组成

1. 概算和预算的区别与联系

概算和预算的区别与联系见表 1-1-1。

表 1-1-1　概算和预算的区别与联系

序号	不同之处	概　算	施工图预算（投资检算）	施工预算
1	编制单位不同	设计单位编	设计单位编	施工单位编
2	编制阶段不同	初步设计或一阶段设计时编制	施工图设计阶段编制	投标时或其基层单位（如项目经理部）合同签订后编制
3	主要作用不同	作为国家确定和控制建设规模、编制基本建设计划、实行建设项目投资包干、签订承包合同和招标项目编制标底以及建设银行拨贷款的依据，也是控制施工图预算、考核设计经济合理性和建设成本的依据	作为签订施工合同、进行价款结算的依据，也是施工企业下达施工计划、内部财务拨款、考核工程成本、进行经济核算的依据，还是控制施工预算的依据	是确定投标报价的依据，是项目经理部组织生产、编制施工组织、签发施工任务书和限额领料卡、考核工效、计算超额奖和计件工资、进行班组核算的依据，是施工企业基本的成本计划文件
4	依据的定额不同	概算定额（铁路站前工程用预算定额）	预算定额	施工定额
5	依据的图纸资料不同	初步设计图纸及施工组织设计方案意见	施工图设计资料及施工组织设计（合适的施工方法，周密的技术措施）	详细的施工图纸和工程数量及周密合适的施工组织设计、施工单位自身能力、施工现场实际情况
6	编制的范围不同	建设项目的全部内容，即从筹建开始到竣工验交所需的一切费用	只编制单位工程或单项工程预算和综合预算建安工程费	根据施工单位的不同目的有不同深度：投标时根据招标文件确定，项目管理时根据不同需要确定
	联系之处			
1	都不能突破控制额	经批准的概算是建设项目投资的最高限额	控制在概算总额之内	在合同价的控制下
2	费用组成、采用的费率、使用的表格、编制的步骤方法		基本相似	

2. 概预算文件的组成

概预算文件一般由封面、目录、编制说明、概（预）算表格等组成。

二、习题训练

（一）选择题

1. 初步设计方案通过后，在此基础上进行施工图设计，并编制（　　）。
   - A. 初步设计概算
   - B. 修正概算
   - C. 施工预算
   - D. 施工图预算

2. 具有独立的设计文件，竣工后可独立发挥生产能力或使用效益的基本建设项目称为（　　）。
   - A. 建设项目
   - B. 单项工程
   - C. 单位工程
   - D. 分部分项工程

3. "两算"对比中的"两算"是指（　　）和（　　）。
   - A. 设计概算
   - B. 施工预算
   - C. 综合预算
   - D. 施工图预算

4. 某汽车制造厂的组装车间，属于（　　）。
   - A. 建设项目
   - B. 单项工程
   - C. 单位工程
   - D. 分部工程

5. 设计概算是在（　　）阶段，确定工程造价的文件。
   - A. 方案设计
   - B. 初步设计
   - C. 技术设计
   - D. 施工图设计

6. 在工程项目的决策阶段进行可行性研究时，应编制（　　）。
   - A. 工程结算
   - B. 投资估算
   - C. 施工图预算
   - D. 设计概算

7. 铁路工程建设中建筑产品限额标准在（　　）元以上并长期使用的物品可以认定为固定资产。
   - A. 5 000　　　　B. 3 000　　　　C. 2 000　　　　D. 1 000

8. 铁路建设中为增加原有枢纽的能力而新建的联络线、编组场等工程，按性质划分属于（　　）。
   - A. 建设项目　　B. 扩建项目　　C. 改建项目　　D. 恢复项目

9. 经批准的设计概算是建设项目投资的（　　）限额。
   - A. 最高　　　　B. 最终　　　　C. 最低　　　　D. 标准

10. 概预算文件的组成包括：封面、目录、（　　　）和相关表格。
    A. 施工组织设计　　　　　　B. 采用的定额和费用标准
    C. 编制范围及工程概况　　　D. 编制说明

（二）名词解释

1. 基本建设

2. 固定资产

3. 单项工程

4. 分项工程

5. 投资估算

6. 施工预算

（三）简答题

1. 什么是基本建设？如何区分固定资产和流动资产？

2. 铁路工程建设的特点有哪些?按照工程管理及造价需要，基本建设可以划分为哪几个层次？

3. 铁路工程基本建设的程序是什么？每个阶段需要编制哪些造价文件？

4. 施工图预算与施工预算有哪些区别和联系？

5. 铁路工程概预算文件编制中常用的表格有哪些？

无边落木萧萧下
不尽解答扫扫来

学习情境二　铁路工程概预算的编制

一、知识点总结

1．工程定额

工程定额是指在正常施工和合理组织劳动、合理使用材料及机械的条件下，完成单位合格产品所必须消耗资源的数量标准。其中的资源主要包括在建设生产过程中所投入的人工、机械、材料和资金等生产要素。

2．定额的特点

定额具有科学性、系统性、统一性、指导性、稳定性和时效性等特点。

3．分　类

（1）按生产要素分：劳动定额、材料消耗定额、机械台班使用定额。

（2）按定额编制程序和用途分：施工定额、预算定额、概算定额、概算指标和投资估算指标。

（3）按专业性质分：全国统一定额、行业通用定额和专业专用。

（4）按主编单位和管理权限分：全国统一定额、行业统一定额、地区统一定额、企业定额、补充定额。

4．定额的应用

（1）学习和理解定额的总说明和分部工程说明及附注、附录、附表的规定。

（2）掌握分部分项工程定额所包括的工作内容和计量单位。

（3）弄清定额项目表中各子目栏工作条目的名称、内容和步距划分。

（4）了解定额项目表中人工、材料、机械台班名称、耗用量、单价和计量单位。

（5）熟悉工程量计算规定及适用范围。

（6）对于分项工程的内容，应深入施工现场和工作实践，理解其实际含义。只有对定额的内容了解透彻了，在确定工程条目，套用、换算定额或编制补充定额时，才会做到快而准确。

5. 概预算费用组成

概预算费用组成见图 1-2-1。

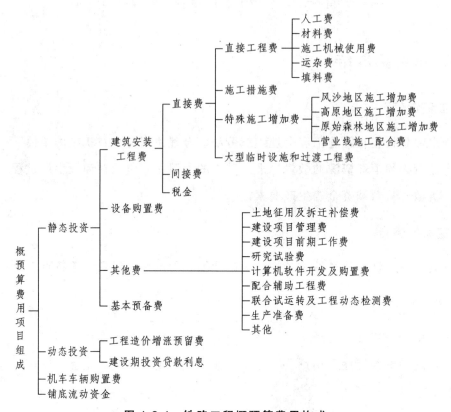

图 1-2-1 铁路工程概预算费用构成

6. 直接费

直接费由直接工程费、施工措施费、特殊地区施工增加费、大临及过渡工程费组成。

（1）直接工程费。

直接工程费是指施工过程中耗费的构成工程实体的各项费用，包括人工费、材料费、施工机械使用费、运杂费和填料费。其中：

人工费指为直接从事建筑安装工程施工的生产工人开支的各项费用。

材料费指按施工过程中耗用的构成工程实体的原材料、辅助材料、构配件、零件和半成品的用量以及周转材料的摊销量和相应预算价格等计算的费用。

施工机械使用费指直接在建筑安装工程施工中使用的各种机械及机上工人工资等各项费用。各类费用计算方法如下：

① 人工费 = $\sum$ 定额人工消耗量×综合工费标准

② 材料预算价格 =（材料原价 + 运杂费）×（1 + 采购及保管费率）

③ 施工机械使用费 = $\sum$ 定额施工机械台班消耗量×施工机械台班单价

④ 运杂费 = 运送货物重量×综合运杂费单价

⑤ 填料费 = 购买不作为材料对待的土方、石方、渗水料、矿物料等填筑用料所支出的费用

（2）施工措施费。

施工措施费是指为完成工程项目施工，发生于该工程施工前和施工过程中非工程实体项目的费用，内容包括：冬雨季施工增加费，夜间施工增加费，小型临时设施费，工具、用具及仪器、仪表使用费，检验试验费，工程定位复测、工程点交、场地清理费，安全作业环境及安全施工措施费，文明施工及施工环境保护费，已完工程及设备保护费。

（3）特殊施工增加费。

特殊施工增加费主要有：风沙地区施工增加费、高原地区施工增加费、原始森林地区施工增加费、行车干扰施工增加费。

（4）大型临时设施和过渡工程费。

大型临时设施和过渡工程费指施工企业为进行建筑安装工程施工及维持既有线正常运营，根据施工组织设计确定所需的大型临时建筑物和过渡工程修建及拆除、恢复所发生的费用。

7. 间接费

间接费包括企业管理费、规费和利润。

间接费以基期人工费和基期施工机械使用费之和为计算基数，乘以相应费率计列。

8. 税 金

税金指按国家税法规定应计入建筑安装工程造价内的营业税、城市维护建设税及教育费附加。

税金 = 含税建安工程造价×综合税率 =（不含税建安造价 + 税金）×综合税率

9. 设备购置费

设备购置费指构成固定资产标准的设备购置和虽低于固定资产标准，但属于设计明确列入设备清单的设备，按设计确定的规格、型号、数量，以设备原价加设备运杂费计算的购置费用。工程竣工验交时，设备（包括备品备件）应移交运营部门。

购买计算机设备硬件所附带软件未单独计价的，其软件费应随设备硬件一起，列入设备购置费。

10. 其他费

其他费指根据有关规定，应由基本建设投资支付并列入建设项目总概（预）算内，除建筑安装工程费、设备购置费以外的有关费用。

11. 建筑安装工程单项概预算编制步骤

建筑安装工程单项概（预）算计算程序见表 1-2-1。

表 1-2-1 建筑安装工程单项概（预）算计算程序

序号	费用名称		计算式
（1）	基期人工费		
（2）	基期材料费		按设计工程量和基期价格水平计列
（3）	基期施工机械使用费		
（4）	定额直接工程费		（1）+（2）+（3）
（5）	运杂费		指需要单独计列的运杂费，按施工组织设计的材料供应方案及有关规定计算
（6）	价差	人工费价差	基期至编制期价差按有关规定计列
（7）		材料费价差	
（8）		施工机械使用费价差	
（9）		价差合计	（6）+（7）+（8）
（10）	填料费		按设计数量和购买价计算
（11）	直接工程费		（4）+（5）+（9）+（10）
（12）	施工措施费		[（1）+（3）]×费率
（13）	特殊施工增加费		（编制期人工费+编制期施工机械使用费）×费率 或 编制期人工费×费率
（14）	直接费		（11）+（12）+（13）
（15）	间接费		[（1）+（3）]×费率
（16）	税金		[（14）+（15）]×费率
（17）	单项概（预）算价值		（14）+（15）+（16）

注：表中直接费未含大型临时设施和过渡工程费，大型临时设施和过渡工程需单独编制单项编制单项概（预）算，其计算程序见相关规定。

12. 预备费

（1）基本预备费：在设计和施工过程中，在批准的设计范围内，必须增加的工程和按规定需要增加的费用。该项费用的计算以第一~第十一章费用总额为基数，初步设计概算按 5%计列，施工图预算、投资检算按 3%计列。

（2）工程造价增涨预备费：为正确反映铁路基本建设工程项目的概（预）算总额，在设计概（预）算编制年度到项目建设竣工的整个期限内，因形成工程造价诸因素的正常变动（如材料、设备价格的上涨，人工费及其他有关费用标准的调整，等），导致必须对该建设项目所需的总投资额进行合理的核定和调整，而需预留的费用。

本项费用应根据建设项目施工组织设计安排，以其分年度投资额及不同年限，按国家及铁道部公布的工程造价年上涨指数计算。其计算公式为：

$$E = \sum F_n[(1+p)^{c+n} - 1]$$

式中　E——工程造价增长预留费；

　　　F_n——施工期第 n 年的分年度投资额；

　　　c——编制年至开工年年限；

　　　n——开工年至结算年年限；

　　　p——工程造价年增长率。

13. 建设期投资贷款利息

（1）本项费用指建设项目中分年度使用国内贷款，在建设期应归还的贷款利息。

（2）计算公式：

建设期贷款利息 $= \sum$（年初付息贷款本金累计 + 本年度付息贷款额 ÷ 2）× 年利率

14. 专项费用

专项费用主要包括机车车辆购置费和铺底流动资金。

其中：机车车辆购置费按设计确定的初期运量所需要的新增机车车辆的型号、数量及编制期机车车辆购置价格计算。

铺底流动资金是指主要用于购买原材料、燃料、动力的费用，支付职工的工资和其他有关的费用。

15. 概预算总额

概预算总额即从建设初期到竣工验收完成（以上各项费用）的全部之和。

【学习重点】

（1）工程定额；

（2）概预算的费用组成；

（3）直接费的构成和计算；

（4）间接费的构成和计算；

（5）利润的构成和计算；

（6）税金的计算。

【学习难点】

（1）工程定额的查找和套用；

（2）建筑安装工程费的计算；

（3）建设期贷款利息和工程造价增涨预备费的计算。

二、习题训练

（一）单项选择题

1. 在社会主义市场经济条件下，建筑产品的价格由（　　）决定。

  A. 市场　　　　　　B. 预算定额　　　C. 招标文件　　　　D. 清单计价规范

2.（　　）与国际上通用的工程估价方法接近。

  A. 单位估价法　　　　　　　　　　B. 实物金额法

  C. 分项工程完全造价计算法　　　　D. 电算估价法

3. 劳动定额时间不包括（　　）。

  A. 基本工作时间　　　　　　　　　B. 不可避免的中断时间

  C. 不是故意的失误时间　　　　　　D. 准备结束时间

4. 预算定额手册中的（　　），主要用于对预算定额的分析、换算。

  A. 总说明　　　　　　　　　　　　B. 分部说明

  C. 分布说明　　　　　　　　　　　D. 附录

5. 材料预算价格指材料的（　　）。

  A. 出库价格　　　　　　　　　　　B. 材料原价

  C. 材料运杂费　　　　　　　　　　D. 材料包装费

6. 建筑安装工程一般以定额（　　）为基础计算各项费用。

  A. 直接费　　　　　　　　　　　　B. 材料费

  C. 机械台班使用费　　　　　　　　D. 人工费

7. 安装工程预算定额中，一般不包括（　　），因而安装工程定额基价是不完全工程单价。

  A. 主材费　　　　　　　　　　　　B. 辅材费

  C. 人工费　　　　　　　　　　　　D. 机械费

8.（　　）由劳动定额、材料消耗定额、机械台班定额组成。

  A. 概算定额　　　　　　　　　　　B. 施工定额

C. 劳动定额   D. 预算定额

9. 按照铁路工程概算编制步骤，首先应编制（   ）。

    A. 单项概算   B. 综合概算

    C. 总概算   D. 总概算汇总

10. 施工定额是（   ）的编制基础。

    A. 概算定额   B. 时间定额

    C. 产量定额   D. 预算定额

11.（   ）为保证新建铁路项目投产初期正常运营所需流动资金有可靠来源而计列的费用，主要用于购买原材料、燃料、动力，支付职工工资和其他有关费用。

    A. 基本预备费   B. 工程造价增长预留费

    C. 铺底流动资金   D. 建设期投资贷款利息

（二）多项选择题

1. 铁路工程定额按生产要素分为（   ）。

    A. 施工定额   B. 劳动定额   C. 材料消耗定额

    D. 预算定额   E. 机械台班使用定额

2. 定额具有相对稳定性和时效性、针对性以及（   ）等特性。

    A. 单件性   B. 科学性   C. 法令性

    D. 多次性   E. 实践性

3. 单项概算的编制方法包括（   ）。

    A. 地区单价分析法   B. 价差系数调整法

    C. 价格估算法   D. 工、料、机费用分析法

    E. 调查法

4. 建安工程费中的税金包括（   ）。

    A. 印花税   B. 固定资产投资方向调节税

    C. 营业税   D. 城市维护建设税

    E. 教育费附加

5. 间接费包括（   ）。

    A. 企业管理费   B. 住房公积金   C. 利润

    D. 税金   E. 规费

6. 下列不属于直接工程费的是（   ）。

    A. 人工费   B. 材料费   C. 运杂费

    D. 施工措施费   E. 税金

7. 下列不属于静态投资的是（   ）。

    A. 建筑安装工程费   B. 机车车辆购置费

C. 其他费　　　　　　　　　　　D. 铺底流动资金

E. 建设期投资贷款利息

8. 下列属于基本预备费内容的是（　　　）。

A. 人工、设备、材料、施工机械的价差费用

B. 征地、拆迁的价差

C. 一般自然灾害造成的损失和预防自然灾害所采取的费用

D. 竣工验收时为鉴定工程质量，对隐蔽工程进行必要的开挖和修复的费用

E. 设计和施工过程中，在批准的设计范围内，所必须增加的工程费用

9. 施工机械台班费用包括大修理费、经常修理费、安装拆卸费、其他费用、（　　　）等。

A. 燃料动力费　　　B. 折旧费　　　　C. 机械调遣费

D. 人工费　　　　　E. 包装费

10. 工程概预算的编制说明一般包括的内容有（　　　）。

A. 编制中存在的问题　　　　　　B. 工程量计算规则

C. 主要编制依据　　　　　　　　D. 主要技术经济指标

E. 建设项目的名称、编制范围

（三）名词解释

1. 预算定额

2. 时间定额

3. 直接工程费

4. 施工措施费

5. 直接费

6. 间接费

7. 基本预备费

8. 工程造价增长预备费

9. 铺底流动资金

10. 运杂费

11. 价差

（四）定额查找

根据下面的工作内容，查找正确的定额编号，并确定出人工消耗、基价、基期材料费和材料质量。

1. 采用≤1.0 m³ 的挖掘机开挖 2 000 m³ 硬土。

2. 采用≤90 kW 的推土机进行场地平整，推运普通土 1 500 m³，运距 80 m。

3. 采用≤8 t 的自卸汽车运输土方 30 000 m³，运距 20 km。

4. 机械打眼爆破，石方 600 m³，坚石。

5. 采用 M15 水泥砂浆，浆砌片石天沟 300 m³。

6. 设计时速≤160 km/h 的 I 级铁路，采用压路机整修压实路堤 5 000 m³。

7. 基坑抽水中水流速度≤40 m³/h，共 150 m³。

8. 砌筑实体墩台，采用片石混凝土 3 000 m³。

9. 悬臂法浇筑混凝土连续箱梁 0 号块，水上作业共 600 m³。

10. 桥梁端部防水层，采用三层热沥青两层麻布，200 m²。

11. 机械铺轨 300 km（设计时速≤160 km/h），采用 II 型轨枕，每千米 1 760 根，包含标准轨轨料。

12. 铺设普通单开道岔（设计速度≤120 km/h）12 号道岔 5 组。

13. 设计速度≤160 km/h 正线铺底砟 3 000 m³，面砟 4 000 m³。

14. 10 km 正线设置百米标（反光）。

15. 开通速度≤200 km/h 的线路上进行大型机械清筛道床 15 km。

（五）简答题

1. 什么是预算定额？它与概算定额的区别是什么？

2. 在铁路工程概预算编制办法中，静态投资包括哪些费用?动态投资包括哪些费用?

3. 在铁路工程概预算费用组成中，直接工程费和直接费分别包含哪些费用？它们有
什么区别？

4. 什么是人工费？综合工费包含哪些内容？

5. 建设项目管理费中包含哪些费用？其中建设单位管理费采用什么方法计算？

6. 间接费由哪些费用构成?其中人们常说的"五险一金"指的是哪些费用?

（六）计算题

1. 查 SY—289 可知，定额单位 10 m³ 混凝土（C25）隧道洞门砌筑工程，所需普通水泥 32.5 级 3 937.20 kg、中粗砂 5.20 m³、碎石 8.67 m³（表 1-2-2）。计算 100 m³ 混凝土（C35）的洞门砌筑工程所需的水泥、碎石、中粗砂的数量。（计算结果保留 2 位小数）

表 1-2-2　每立方米混凝土配合比用料表

混凝土强度等级	32.5 级水泥（kg）	中粗砂（m³）	粒径 40 mm 以内的碎石（m³）
C25	386	0.51	0.85
C35	526	0.42	0.82

2. 某钢轨直接由生产厂运到工地，其中专用线长 3 km，营业火车运输 200 km，汽车运输 50 km，装卸费单价 12.5 元/t，采购及保管费率是 1%，计算该钢轨全程运杂费单价。

（已知 $k_1 = 1.08$，基价$_1 = 10.2$ 元/t，基价$_2 = 0.049\ 1$ 元/（t·km），汽车综合运价率为 0.5 元/（t·km），吨次费 $= 0$）

3. 湖南某涵洞基期的人工费为 1.8 万元，材料费为 4.8 万元，施工机械使用费为 3.6 万元，材料总质量为 5 000 t，综合平均运杂费单价为 28.8 元/t，编制期人工价差系数为 1.60，材料价差系数为 1.86，机械台班价差系数为 1.80，该工程需外购填料 8 000 m³，其外购单价为 30.8 元/m³，施工措施费的费率为 20.22%，间接费的费率为 52.1%，该工程不在行车干扰范围内，试计算该工程的直接工程费、直接费及建安工程费。

4. 某地铁建设项目的总投资为 10 000 万元，其中 40%为自有资金，其余采用银行贷款，银行贷款年利率为 6%，该项目的建设期为 3 年，第一年投资 20%，第二年投资 50%，第三年投资 30%，银行贷款按施工进度分年度均衡发放，试求该项目的建设期贷款利息。

5. 10 m³混凝土挡土墙（C20）所需工、料、机的定额数量见表1-2-3。某工程经计算混凝土挡土墙（C20）工程数量150 m³。

表1-2-3 定额表　　　　　　　　　　　单位：10 m³

定额编号		LY-385				
定额名称		混凝土挡土墙　C20				
编号	电算代号	费用名称	单位	数量	基期单价（元）	主材单重（t）
1		2	3	4	5	
一		人工费	元			
	5	人工	工日	19.43	20.35	
二		材料费	元			
	1010002	普通水泥32.5级	kg	2897	0.26	0.001
	1110001	原木	m³	0.04	794	0.65
	1240016	碎石80以内	m³	9.28	23	1.5
	1260022	中粗砂	m³	5.41	16.51	1.43
	2130012	镀锌低碳钢丝	kg	2.1	4.46	
	2811012	铁件	kg	1.7	4	
	2811011	铁拉杆	kg	45.2	3.5	
	2810023	组合钢模板	kg	14.81	4.46	0.001
	2810024	组合钢支撑	kg	5.01	4.46	0.001
	2810025	组合钢配件	kg	3.83	5.85	0.001
	8999002	其他材料费	元	13.89	1	
	8999006	水	t	5	0.38	
三		机械费	元			
	9102102	汽车起重机 ≤8 t	台班	0.04	410.88	
	9102621	单筒快速卷扬机 ≤10 kN	台班	0.58	57.6	
	9104002	混凝土搅拌机 ≤400 L	台班	0.32	85.29	
合计						

（1）确定出混凝土挡土墙人工的时间定额与产量定额（计算结果保留 3 位小数）。

（2）计算 150 m³ 混凝土挡土墙（C20）所消耗的人工、材料、机械台班数量（计算结果保留 2 位小数）。

解：150 m³ 混凝土挡土墙（C20）所消耗的人工、材料、机械台班数量分别为：

电算代号	费用名称	单位	150 m³ 混凝土挡土墙（C20）所消耗的工、料、机数量
1	2	3	4
5	人工	工日	
1010002	普通水泥 32.5 级	kg	
1110001	原木	m³	
1240016	碎石 80 以内	m³	
1260022	中粗砂	m³	
2130012	镀锌低碳钢丝	kg	
2811012	铁件	kg	
2811011	铁拉杆	kg	
2810023	组合钢模板	kg	
2810024	组合钢支撑	kg	
2810025	组合钢配件	kg	
8999002	其他材料费	元	
8999006	水	t	
9102102	汽车起重机　≤8 t	台班	
9102621	单筒快速卷扬机　≤10 kN	台班	
9104002	混凝土搅拌机　≤400 L	台班	

（3）计算该工程基期人工费、基期材料费、基期机械费（计算结果保留整数）。

（4）该工程主材运杂费单价见表 1-2-4，计算该项目运杂费（计算结果保留整数）。

表 1-2-4　主材运杂费单价和编制期单价表

主材名称	运杂费单价	编制期单价（元）
普通水泥 32.5 级	81.17 元/t	0.33 元/kg
原木	29.11 元/t	1194 元/m³
碎石	24.23 元/t	53 元/m³
中粗砂	19.24 元/t	51.51 元/m³
组合钢模板	54.74 元/t	4.46 元/kg
组合钢支撑	54.74 元/t	4.46 元/kg
组合钢配件	54.74 元/t	5.85 元/kg

（5）该工程主材编制期单价见表 1-2-4，辅材（不包括水）价差系数是 1.244，计算该项目材料价差（人工、机械、水电价差不计，计算结果保留整数）。（7分）

（6）计算该工程的单项概算值（施工措施费费率为 16.94%，间接费费率为 36.5%，税金费率为 3.35%，计算结果保留整数）。

6. 为了修建某铁路工程，其中：

（1）拆迁民房 500 m²，单价 1 000 元/m²；拆迁其他建筑物 200 m²，单价 500 元/m²；征地 3 亩（1 亩 = 667 m²），单价 10 000 元/亩。

（2）通过编制单项概算、综合概算得知施工路基、隧道、轨道的费用见表 1-2-5。

（3）第十三章~第十六章费用不计。

计算拆迁及征地费用、基本预备费、概算总额，并将计算结果填写在总概算表中。

表 1-2-5　总概算表

章别	费用类别	概（预）算价值（万元）				
		Ⅰ 建筑工程费	Ⅱ 安装工程费	Ⅲ 设备购置费	Ⅳ 其他费	合计
一	拆迁及征地费用					
二	路基					
三	桥涵					
四	隧道及明洞					
五	轨道					
六	通信、信号及信息					
七	电力及电力牵引供电					
八	房屋					
九	其他运营生产设备及建筑物					
十	大临和过渡工程					
十一	其他费用					
以上各章合计						
十二	基本预备费					
概（预）算总额						

基本预备费 =

学习情境三　铁路工程工程量清单计价

一、知识点总结

1. 工程量清单的概念

工程量清单是表现拟建工程的分部分项工程项目、措施项目、其他项目名称和相应数量的明细清单。工程量清单是按统一规定进行编制的，它体现的核心内容为分项工程项目名称及相应数量，是招标文件的组成部分。

2. 工程量清单的内容

招标人编制的工程量清单应该包括以下内容：明确的项目设置、明确的清单项目工程数量、基本的表格格式。工程量清单计价的计算原理如下：

（1）分部分项工程费 = $\sum$ 分部分项工程量 × 分部分项工程单价

其中：分部分项工程单价由人工费、材料费、机械费、管理费、利润等组成，并考虑风险费用。

（2）措施项目费：$\sum$ 措施项目工程量 × 措施项目综合单价

其中：措施项目包括通用项目、建筑工程措施项目、安装工程措施项目和市政工程措施项目，措施项目综合单价的构成与分部分项工程单价构成类似。

（3）单位工程报价 = 分部分项工程费 + 措施项目费 + 其他项目费 + 规费 + 税金

（4）单项工程报价 = $\sum$ 单位工程报价

（5）建设项目总报价 = $\sum$ 单项工程报价

3. 工程量清单的综合单价

工程量清单计价采用综合单价计价。

综合单价是指完成最低一级的清单子目计量单位全部具体工程（工作）内容所需的费用，应包括但不限于以下费用：人工费、材料费、施工机械使用费、填料费、措施费、间接费、税金、一般风险费用。

【学习重点】

（1）工程量清单的概念；

（2）分部分项工程费的组成。

【学习难点】

工程量清单计价模式下费用的计算方法。

二、习题训练

（一）单项选择题

1. 下列正确的描述是（　　　）。
   A. 定额计价过程中消耗量水平允许调整
   B. 定额计价过程中材料差价应计入直接费
   C. 清单计价过程中不计取管理费和利润
   D. 清单计价体现的是建筑产品的个别价格

2. 工程量清单计价方法实施的关键在于（　　　）。
   A. 企业自主报价　　　　　　　B. 统一按预算定额报价
   C. 统一按概预算定额报价　　　D. 统一按概预算指标报价

3.《铁路工程工程量清单计价规范》是（　　　）。
   A. 规范工程量清单计价行为的国家标准
   B. 工料单价法计价应遵守的准则
   C. 所有计价模式必须遵守的标准
   D. 否定传统计价模式的标准

4. 工程量清单计价的特点体现在（　　　）。
   A. 平均先进水平确定消耗量
   B. 实现承发包双方风险的合理分担
   C. 管理费利润必须按照国家规定的费率计算
   D. 项目设置的非综合性

5. 工程量清单计价中实心砖墙工程量计算结果应保留（　　　）。
   A. 三位小数　　　　　　　　　B. 二位小数
   C. 整数　　　　　　　　　　　D. 一位小数

6. 以下（　　　）对措施项目清单描述不正确。
   A. 规范中的"措施项目一览表"仅作为列项的参考
   B. 必须按照"措施项目一览表"中的项目编制
   C. 可以不按照《内蒙古自治区建设工程费用计算规则》的规定列项
   D. 措施项目费由企业自主报价

7. 据规范，以下对土石方回填工程量计算描述不正确的是（　　　）。
   A. 该项目包括场地回填、室内回填、基础回填
   B. 室内同填按主墙回填面积乘以回填厚度计算
   C. 基础回填按挖土体积减去设计室外地坪以下埋设的基础及其他构件的体积计算
   D. 按夯实后的体积计算

8. 采用工程量清单计价方式招投标的工程可采用的合同方式为（   ）。

    A. 固定单价   B. 可调单价

    C. 成本加酬金   D. 以上三种方式均可

9. 清单计价法编制投标报价采用的分部分项工程单价是（   ）。

    A. 工料单价   B. 全费用单价

    C. 综合单价   D. 投标报价的平均价

10. 在工程项目实施阶段，其竣工验收应当由（   ）负责组织。

    A. 发包人   B. 工程师

    C. 承包人   D. 监理单位

11. 企业管理费项下的办公费中，不包括的费用是（   ）。

    A. 文具、纸张、账表   B. 印刷、邮电、通信

    C. 生活用水、电、煤   D. 劳动力招募上岗培训

12. 工业和民用建筑一般以（   ）作为成本核算对象。

    A. 单位工程   B. 单项工程

    C. 分部工程   D. 分项工程

13. 税金是指国家税法规定的，应计入建筑安装工程造价内的税不包括（   ）。

    A. 营业税   B. 城市维护建设税

    C. 教育费附加   D. 投资方向调节税

14. 工程量清单计价法计价时的分部分项工程量清单单价中，不包括的费用是（   ）。

    A. 生产工人工资   B. 主要材料费

    C. 现场管理人员工资   D. 机械使用费

15. 现浇构件支模高度超过（   ）时，超过部分工程量按超高项目计算。

    A. 2.2 m   B. 3.2 m

    C. 3.6 m   D. 5.2 m

16. 现浇混凝土模板工程量，除另有规定外，均应按（   ）计算。

    A. 模板面积   B. 混凝土体积

    C. 混凝土表面积   D. 混凝土与模板接触面积

17. 下列工程内容属于实体工程的是（   ）。

    A. 挖基础土方   B. 基础

    C. 土壤类别   D. 弃土运距

18. 在清单计价模式中，单位工程造价的构成有（   ）。

    A. 分部分项工程费   B. 土地使用费

    C. 设计勘察费   D. 工程建设其他费

19. 其他项目清单不包括（   ）。

    A. 预留金   B. 材料购置费

    C. 总承包服务费   D. 零星工作项目费

20. 措施项目是指为完成工程项目施工，发生于该工程施工前和施工过程中（　　　）等方面的非工程实体项目。

    A. 安全   B. 文明

    C. 施工   D. 措施

21. （　　　）不属于安全文明施工费。

    A. 环境保护   B. 文明施工

    C. 安全施工   D. 夜间施工

22. 据建设部〔2003〕206号文《建筑安装工程费用项目组成》，材料基价不包括（　　　）。

    A. 材料原价   B. 运杂费及运输损耗

    C. 采购及保管费   D. 材料检验试验费

23. 工程量清单不包括（　　　）。

    A. 分部分项工程量清单   B. 措施项目清单

    C. 其他项目清单   D. 综合单价

24. 工程量清单计价的组成不包括（　　　）。

    A. 分部分项工程量清单计价   B. 其他项目清单计价

    C. 规费   D. 利润

25. 下列不属于综合单价的是（　　　）。

    A. 工程定额测定费   B. 利润

    C. 材料原价   D. 机械使用费

26. 工料单价法的分部分项工程单价为（　　　）。

    A. 人工费 + 材料费 + 机械费

    B. 直接费 + 间接费 + 利润 + 税金

    C. 全费用单价中扣除规费、税金

    D. 综合单价

27. 工程所在地为县城（镇），建筑安装工程费用计取税率为（　　　）。

    A. 3.44%   B. 3.38%   C. 3.22%   D. 3.41%

28. 其他项目清单中的暂估价不包括（　　　）。

    A. 总承包服务费   B. 材料暂估单价

    C. 专业工程暂估价   D. 钢筋暂估价

29. 支付企业离退休职工的劳动保险费应计入（　　　）。

    A. 规费   B. 企业管理费

    C. 人工费   D. 其他费

30. 综合单价中由承包人完全承担的风险是（　　　）。

    A. 法律法规   B. 材料价格风险

    C. 机械使用费的风险   D. 管理、利润

（二）多项选择题

1. 建设工程进行多次性计价，它们之间的关系是（　　　）。
    A. 投资估算控制设计概算
    B. 设计概算控制施工图预算
    C. 设计概算是对投资估算的落实
    D. 投资估算作为工程造价的目标限额，应比设计概算更为准确
    E. 在正常情况下投资估算应小于设计概算

2. 根据工程造价的特点，工程造价具有（　　　）计价特点。
    A. 单件性　　　B. 大额性　　　C. 组合性
    D. 兼容性　　　E. 多次性

3. 规范规定规费包括（　　　）。
    A. 定额测定费　　B. 工程排污费　　C. 劳动保障费
    D. 工伤保险费　　E. 水电费

4. 清单模式建筑安装工程造价由（　　　）组成。
    A. 措施费　　　　B. 其他项目费　　C. 土地费
    D. 直接工程费　　E. 利润和税金

5. 下列费用属于措施费的是（　　　）。
    A. 材料二次搬运费　　　　　　B. 冬雨季施工增加费
    C. 联合试运转费　　　　　　　D. 施工机构迁移费
    E. 小型临时设施费

6. 基本建设项目可分为（　　　）。
    A. 新建项目　　　　　　　　　B. 恢复建设项目
    C. 迁建项目　　　　　　　　　D. 扩建项目
    E. 修缮项目

7. 按综合单价报价的措施费包括（　　　）。
    A. 环保和雨施
    B. 安全文明施工费
    C. 混凝土及钢筋混凝土模板搭拆使用费
    D. 垂直运输费
    E. 脚手架搭拆使用费

8. 综合单价中的人工单价包括（　　　）。
    A. 生产工人的基本工资　　　　B. 工资性补贴、工资性福利
    C. 采购材料人员工资　　　　　D. 生产工人劳动保护费
    E. 生产工人辅助工资

9. 工程造价管理的目的体现在（　　　）。
    A. 项目投资估算能起到控制总造价的作用

B. 把造价保持在建设单位统一的限额之内

C. 使得建设资金的合理使用

D. 保持项目一次性投资和今后使用成本费综合评价较低

10. 下列（　　）属于工程造价的内容。

  A. 设备使用费   B. 建筑安装工程费

  C. 项目经营期限财务费用 D. 工程建设其他费

11. 关于清单价的建筑安装工程费用的组成描述不正确的是（　　）。

  A. 直接费、间接费、利润、税金

  B. 材料费、人工费、机械费

  C. 建设工程其他费、利润、税金

  D. 分部分项工程费、措施项目费、其他项目费、规费、税金

12. 传统计价模式存在的问题是（　　）。

  A. 指令性过强   B. 指导性不足

  C. 费用计算简单   D. 不能适应动态管理要求

13. 根据现行定额，大型机械进出场及安拆费包括（　　）。

  A. 机械从停放场地至施工现场进出场运输、转移费

  B. 机械在现场试运转费

  C. 安装所需辅助设施费

  D. 运输类大型机械养路费

14. 属于五统一原则的是（　　）。

  A. 项目编码   B. 项目名称

  C. 计量单位   D. 项目特征

  E. 工程数量

15. 规费是指政府和有关权力部门规定的必须缴纳的费用，包括（　　）。

  A. 工程排污费

  B. 定额测定费

  C. 社会保障费

  D. 住房公积金及危险作业意外伤害保险费

（三）名词解释

1. 工程量清单

2. 子目划分特征

3. 工程内容

4. 暂列金额

5. 计日工

6. 甲供材料费

7. 综合单价

8．一般风险费用

（四）简答题

1．简述工程量清单计价的特点。

2．招标有几种方式？分别介绍其含义。

3. 工程量清单计价模式下的费用构成与定额计价模式下有什么不同？

4. 甲供材料是否计价？如果计价应放入分部分项工程费中还是放入其他费中？

5. 因发包人原因停建（依法解除合同），按工程量清单计价如何办理停建结算？

（五）计算题

如图 1-3-1 所示，请按照工程量清单计价规范的工程量计算规则计算至少三项工程量。

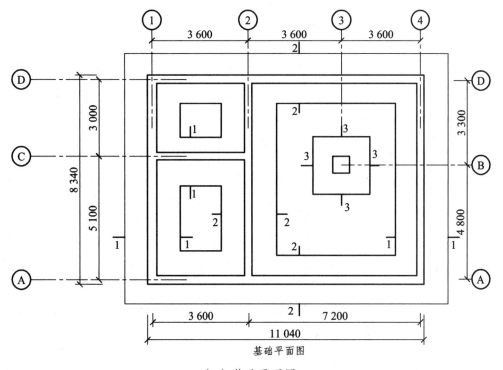

（a）基础平面图

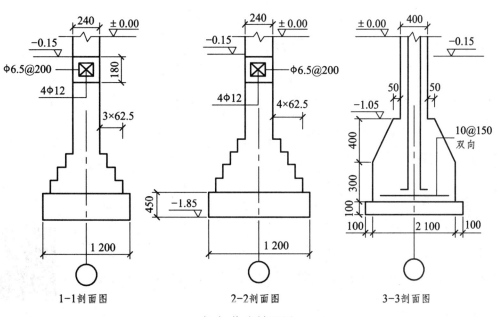

（b）基础剖面图

图 1-3-1 某基础平面图和剖面图

蒹葭苍苍
答案为方

学习情境四　铁路路基工程工程量计算

一、知识点总结

1. 铁路路基的基本构造

路基工程主要由路基本体、路基防护和加固建筑物、路基排水设备三部分构成。

（1）路基本体由五个部分组成：路基面、路肩、基床、边坡、基底。

（2）路基地面排水设备。

① 排水沟：用以排除路堤范围内的地面水。当地面较平坦时，设于路堤两侧；当地面较陡时，应设于迎水一侧。当有取土坑时，可用取土坑代替排水沟。

② 侧沟：路堑地段用以排除路基面和路堑边坡坡面的地面水。设于路基面两侧或一侧（半路堑）。用于公路时称边沟。

③ 天沟：设于路堑堑顶边缘以外，可设置一道或几道，用于截排堑顶上方流向路堑的地表水。

④ 截水沟：设在台阶形路堑边坡的平台上，用于截排边坡平台以上坡面的地表水。

⑤ 跌水：通常设在坡度陡的排水地段。主槽底部呈台阶状，台阶的宽度和高度之比大致等于地面坡度。

⑥ 急流槽：用片石、混凝土材料筑成的，槽身一般为矩形，衔接两段高程较大的排水设施。

（3）路基坡面病害类型主要有边坡溜坍、边坡坍塌、风化剥落和坡面冲刷四种类型。

（4）路基支挡建筑物包括：挡土墙、预应力锚索、抗滑桩。

2.《铁路工程工程量清单计价指南》关于路基工程工程量计算的规定

（1）区间路基和站场土石方工程量计算规则。

（2）路基附属工程工程量计算规则。

二、习题训练

（一）单项选择题

1. 下列不能直接作为路基填筑材料的是（　　　）。

    A. 砂土   B. 石质土

    C. 强膨胀土   D. 粉质黏土

2. 以下关于土石路堤的施工要领，说法错误的是（   ）。

    A. 土石路堤填筑应分层填筑，分层压实

    B. 压实机械宜选用自重不小于 18t 的振动压路机

    C. 当土石混合料中石料含量超过 70% 时，宜采用人工铺填

    D. 当土石混合料中石料含量小于 70% 时，可用推土机铺填，最大层厚 80 cm

3.（   ）法是在 20 cm 黏土保护层外的拱涵两侧各 3 m 及拱顶以上 1.8 m 范围内，选用粒径不大于 1.5 cm 的混合料，先填两侧至拱脚，再填拱顶至一定高度，然后填拱脚以上的两侧缺口。

    A. 分层填筑   B. 片石套拱

    C. 强力夯实   D. 横向碾压

4. 公路工程施工中，以单斗挖掘机最为常见，而路堑土方开挖中又以（   ）使用最多。

    A. 正铲挖掘机   B. 反铲挖掘机

    C. 侧铲挖掘机   D. 推土机

5. 在某二级公路土质挖方路段，正赶上雨期施工，宜在路堑边坡坡顶（   ）以外开挖截水沟，并接通出水口。

    A. 1 m   B. 1.5 m   C. 2.0 m   D. 2.5 m

6.（   ）方法既可以用于排除地面水，也可以用于排除地下水。

    A. 排水沟   B. 截水沟

    C. 渗井   D. 边沟

7. 排水沟施工线形要平顺，应尽可能采用直线形，转弯处宜为弧线形，其半径不宜小于 10 m，排水沟长度根据实际需要而定，通常不宜超过（   ）。

    A. 100 m   B. 200 m   C. 300 m   D. 500 m

8. 某公路工程项目采用粒料桩对其软基进行处理，可采用的粒料是（   ）。

    A. 生石灰   B. 水泥

    C. 粉煤灰   D. 废渣

9. 在路基排水中，在土质地段的边沟纵坡大于（   ）时，应采取加固措施。

    A. 1%   B. 2%   C. 3%   D. 5%

（二）名词解释

1. 路堤

2. 天沟

3. 挡土墙

4. 抗滑桩

5. 积距法

6. 坐标法

7. 平均运距

8. 断面方

9. 天然密实方

10. 压实方

11. 利用方

（三）计算题

1. 某铁路（设计速度 160 km/h 及以下，Ⅰ级铁路）区间路基工程需挖方 5 000 m³ 实体（普通土），如全部作为利用方，计算利用方量。

2. 某铁路横断面面积及桩点见表 1-4-1，求其土石方量。

表 1-4-1 某铁路横断面面积及桩点

桩号	横断面积（m²）		距离（m）	平均面积（m²）		土石方量（m³）	
	路基挖方	路基填方		路基挖方	路基填方	路基挖方	路基填方
K100＋252	5.82	39.24					
K100＋272.75	2.32	28.2					
K100＋286.34	7.28	21.68					
K100＋300.18	10.58	37.21					
K100＋310.15	20.27	10.25					

飞流直下三千尺
疑是答案落九天

学习情境五　铁路桥涵与隧道工程工程量计算

一、知识点总结

1. 铁路桥涵的基本构造

桥梁的组成包括桥面、桥跨结构、墩台及基础三大部分。

桥墩一般由墩身、顶帽及基础三部分组成。桥梁基础因施工方法、结构形式和入土深度的不同，有多种分类方法，依结构形式和施工方法的特征可分为：明挖基础、沉井基础、桩基础、管柱基础及其他类型的基础。

桥梁上部结构按施工方法大致可分为预制安装和现场灌筑两大类。预制安装法可分为预制梁整孔安装和预制节段式块件拼装两种类型。现场灌筑法包括脚手架法、悬臂灌筑法、逐孔现浇法、顶推法等，还有一些特殊方法如转体施工法。

涵洞是横穿路堤内的建筑物，它由洞身、出入口和基础三部分组成，称为涵洞的主体工程，此外，还有出入口河床和路堤边坡加固部分，称为涵洞的附属工程。

2.《铁路工程工程量清单计价指南》关于桥涵工程工程量计算的规定

总体工程量计算规则如下：

（1）桥梁基础、墩台混凝土工程量按设计图示圬工尺寸计算。

（2）钢筋按设计图示长度计算质量；预应力钢筋按设计图示结构内长度计算质量，不含锚具的质量。

（3）钻孔桩按设计图示承台底至桩底的长度计算。

（4）预制、架设或现浇梁按设计图示数量计算孔数。

（5）桥面按设计图示桥梁长度计算工程量。

（6）涵洞工程涵身及附属工程量按设计图示出入口帽石外边缘之间中心线长度计算。

3. 铁路隧道的基本构造

铁路隧道结构由主体建筑物和附属建筑物两部分组成。

隧道开挖后，为了保持围岩的稳定性，一般需要进行支护（衬砌）。支护的方式有：外部支护，即从外部支撑着坑道的围岩（如整体式混凝土衬砌、砌石衬砌、拼装式衬砌、喷射混凝土支护等）；内部支护，即对围岩进行加固以提高其稳定性（如锚杆支护、锚喷支护、压入浆液等）用明挖法修建的隧道称为明洞。

用明挖法修建的隧道称为明洞。一般洞门形式有端墙式、柱式、翼墙式、带耳墙翼墙式、台阶式等。

4.《铁路工程工程量清单计价指南》关于隧道工程工程量计算的规定

具体工程量计算规则如下：

（1）正洞开挖工程量按图示不含设计允许超挖、预留变形量的设计断面计算（含沟槽和各种附属洞室的开挖数量）。

（2）衬砌工程量按图示不含设计允许超挖回填、预留变形量的设计断面计算（含沟槽和各种附属洞室的衬砌数量）。

（3）明洞及棚洞按设计图示明（棚）洞长度计算。

（4）平行导坑按设计图示平行导坑长度计算，平行导坑的横通道不单独计量，其费用计入平行导坑。竖井按设计图示竖井锁口至井底长度计算，竖井的横通道不单独计量，其费用计入竖井。

（5）洞门按设计图示洞门圬工体积计算，包括端翼墙、缓冲结构和与洞门连接的挡墙。

二、习 题 训 练

（一）填空题

1. 桥基础挖土方，分土方与石方，分坑深 3 m 以内、3 m 以上，分有水、无水等不同情况分别以_____计算。

2. 土围堰以_____为单位计算，木围堰以木板桩立方米计算，分人工和机械分别计算。

3. 木桩以_____为单位计，混凝土方桩以_____为单位计，钻孔桩以米为单位计，管桩以_____为单位计。

4. 沉井制作，沉井封底，沉井封盖，沉井下沉，沉井填充，分不同填充材料，以_____计。

5. 桥墩、台基础以混凝土_____计工程量，混凝土分标号，模板分_____、木模板。

6. 墩身与台身按图示尺寸以立方米计工程量，不同标号，不同模板，_____计算。

7. 台顶、墩帽、耳墙，以图示尺寸按_____计。

8. 钢筋混凝土梁，现浇梁、预制梁的制作分跨度以_____计。

9. 钢桁架梁分焊接、栓接（高 3 号螺栓）以_____为单位计工程量。

10. 桥面系工程量以_____计算。

11. 隧道开挖以设计断面加允许超挖值以立方米计（分_____）。

12. 斜井开挖分_____，分不同岩石，以立方米计。

13. 隧道临时支护（排除浮石）钢支撑以_____计。

14. 隧道衬砌以图示尺寸立方米计量，分混凝土和_____，分岩土种类，分别计量。

15. 喷射隧道拱墙以_____计。

16. 隧道压浆按隧道_____计工程量。

17. 斜井衬砌，分混凝土、喷射混凝土，分岩土类别，以_____计工程量。

18. 隧道洞门，按图示尺寸以立方米计，至于洞口处的天沟、仰坡、明开挖工程项目则按_____计算方法计算。

（二）名词解释

1. 重力式墩台

2. 明挖基础

3. 沉井基础

4. 涵洞

5. 放坡系数

6. 保护层厚度

7. 公称质量

8. 钢筋配料用量

（三）计算题

1. 某桥梁工程采用混凝土方桩，如图 1-5-1 所示，求柴油打桩机在水中作业时打钢筋混凝土方桩的工程量（分清单工程量和定额工程量）。

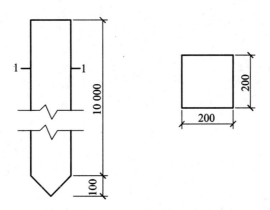

图 1-5-1 某桥梁工程混凝土方桩尺寸（单位：mm）

2. 某桥梁采用预制混凝土空心板梁，该桥跨径 36 m，共 5 跨，试计算图 1-5-2 所示心板梁的工程量（分清单工程量和定额工程量）。

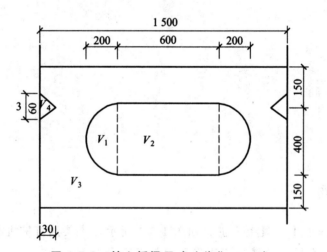

图 1-5-2　某心板梁尺寸（单位：mm）

3. 如图 1-5-3 所示为某桥梁桩式桥墩，立柱上为现浇悬臂盖梁，盖梁截面尺寸如下图所示，梁厚 1 800 mm，计算此盖梁工程量（分清单工程量和定额工程量）。

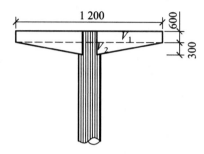

图 1-5-3　某桥梁桩式桥墩尺寸（单位：mm）

4. 某斜拉桥桥梁工程，其主梁采用如图 1-5-4 所示的分离式双箱梁，主梁跨度取为 120 m，横梁厚取 200 mm，主梁内共设置横梁 15 个，计算该主梁工程量（分清单工程量和定额工程量）。

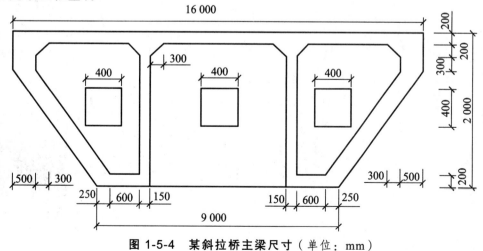

图 1-5-4　某斜拉桥主梁尺寸（单位：mm）

解兮，题之所倚
题兮，解之所伏

学习情境六　铁路轨道工程工程量计算

一、知识点总结

1. 铁路轨道的基本构造

铁路轨道由钢轨、轨枕、道床、联结零件、防爬设备和道岔等部件组成。

正线轨道分为特重型、重型、次重型、中型和轻型，按照线路设计规范确定正线轨道类型。

联结零件分接头联结零件和中间联结零件（也称钢轨扣件）两类。

轨枕的类型按材质分为钢筋混凝土枕、木枕及钢枕三类。

道床是铺设在路基面上的石砟（道砟）层，主要作用是：支承轨枕，把从轨枕传来的压力均匀地传递给路基；固定轨枕的位置，阻止轨枕纵向横向移动；缓和车轮对钢轨的冲击；调整线路的平面和纵断面。

道岔是一种使机车车辆从一股道转入另一股道的线路连接设备，通常在车站、编组站大量铺设。每一组道岔由转辙器、岔心、两根护轨和岔枕组成，最常见的是普通单开道岔，它由转辙器、连接部分、辙叉及护轨三个单元组成。

2.《铁路工程工程量清单计价指南》关于桥涵工程工程量计算的规定

新建铁路工程工程量计算规则如下：

（1）正线、站线铺设新轨、旧轨均按设计图示长度（不含过渡段、不含道岔）计算。

（2）正线、站线铺粒料道床，面砟、底砟按设计图示断面尺寸计算，面砟含无砟道床与粒料道床过渡段和无砟道床两侧铺设的数量，底砟含线间石砟。

（3）正线、站线铺混凝土宽枕道床隔水层按图示面积计算。

（4）站线道岔区无砟道床按设计图示道岔组数计算。

（5）铺设道岔按设计图示道岔组数计算。

改建铁路工程按线路、道床道岔分列清单项目，线路按拆除线路、重铺线路、起落道、拨移线路、换轨、换枕、无缝线路应力放散、无缝线路锁定等分列清单子目，道床按粒料道床、无砟道床分列清单子目，道岔按拆除道岔、重铺道岔、起落道岔、拨移道岔分列清单子目。

（1）拆除线路按设计图示拆除的既有线路长度计算。

（2）重铺线路按设计图示重铺长度计算。

（3）起落道按设计图示起落长度计算。

（4）拨移线路按设计图示拨移长度计算。

（5）换轨按设计图示更换钢轨长度计算。

（6）换枕按设计图示更换轨枕的数量计算。

（7）无缝线路应力放散与线路锁定按设计图示数量计算。

（8）粒料道床清筛道岔按设计清筛道砟的数量计算，补充道砟按设计补充道砟的数量计算。无砟道床按设计图示长度计算。

（9）拆除道岔按设计图示拆除道岔组数计算，重铺道岔按设计图示回铺道岔组数计算，起落及拨移道岔按设计数量计算。

二、习题训练

（一）填空题

1. 铁路轨道由_____、_____、_____、_____、_____等主要部件组成。

2. 我国铁路轨道按照_____条件划分为_____、_____、_____、_____、_____五种类型。

3. 我国铁路使用的主要钢轨类型是_____，_____，_____kg/m 等类型。

4. 轨道结构中的联结零件可分为_____和_____两类。

5. 描述直线轨道几何形位的五大要素是指_____、_____、_____、_____和_____。

6. 我国铁路轨道接头联结形式一般采用_____标准形式。

7. 重型轨道结构采用的钢轨类型为_____。

8. 曲线轨道的道床厚度指_____的距离。

9. 工务日常养护维修中，采用_____方法整正曲线的方向。

10. 一般情况下我国铁路轨底坡采用的标准是_____。

11. 普通碎石道床断面的三个主要特征分别是_____、_____和_____。

12. 我国Ⅰ级干线铁路最小曲线半径为 400 m，其曲线轨距加宽量为_____mm。

13. 我国规定的曲线轨道最大外轨超高值为_____mm。

14. 在计算轨距加宽时，车辆通过条件为_____，检算轨距加宽时，机车通过条件为_____。

15. 曲线轨道上的钢轨磨耗主要有_____、_____和_____三种形式。

16. 道床断面的三个主要特征是_____、_____和_____。

（二）名词解释

1. 钢轨计算长度

2. 中间联结零件

3. 轨枕铺设数量

4. 防爬设备

5. 道床

（三）简答题

1. 新建单线铁路的工程量计算规则有哪些？

2. 简述道床工程量的计算方法。

何以解忧
唯有扫码

第二部分　模拟实训

实训一　铁路路基概预算实训

一、课程设计目的和要求

"铁路工程概（预）算"课程设计是为了加强学生对工程概预算知识的系统掌握，通过系统地学习及综合实践运用，使学生进一步熟悉和运用定额及概预算编制程序和编制方法，提高学生分析问题和解决问题的能力，加强工程量计算与分解、定额运用、概（预）算编制以及施工方案拟订等的实际训练，培养学生树立正确的预算编制思想，严谨踏实、认真细致、理论联系实际的工作作风。

本课程设计的主要任务是进行概（预）算编制的综合训练，在老师给定相关工程设计资料的条件下，自行计算主要的工程量，同时按《铁路基本建设工程设计概预算编制办法》要求，确定正确的预算编制程序和编制方法，并能正确地运用定额和材料价差文件，编制符合要求的预算书。学生在规定的时间内，以组为单位，按课程设计任务书的要求完成设计。

二、课程设计资料

建设项目名称：湘桂线高速铁路衡阳Ⅰ段工程。

1．工程概况

本工程位于湘桂线高速铁路衡阳Ⅰ段线上（湖南境内），受水害因素的影响，原有路基受到很大的破坏，按百年一遇的洪水量重新进行设计，需加高路堤，重新进行选线设计。

本工程线路里程为 K503＋100～K510＋000，面向里程增加方向，新建线路在既有线路右侧，最远处距既有线路 100 多米，新线轨面比既有轨标高高。线路平面改建范围内共有 4 个平面曲线，曲线半径在 1 500～3 000 m，很大程度上改善了线路平面条件。

2．地质资料

K505＋550～K505＋650 地段及 K507＋020～K507＋620 地段位于地洼地段，需进行投石挤淤处理；K505＋650～K507＋020 地段长期受水流冲刷地表有腐殖土，需进行基底换填，换填深度为 0.5 m；其余地段均按普通土考虑。

3．其他情况

公路交通相对便利，距既有线 150 m 处有 111 国道。改建地段均属于高路堤，既有地面低洼，车辆无法直接到达路基顶面，所有轨料都要从铁路运到作业现场，设置存料场和铺轨基地。

4．技术标准

区间轨道正线为 P60 钢轨，衡阳站内站线为 P50 钢轨。道岔采用 P60-1/12 型，混凝土枕为混凝土Ⅱ型轨枕，扣件为弹条Ⅰ型扣件；正线轨枕根数为 1 760 根/km，正线道床厚度为 0.5 m，站外道床顶宽为 3.3 m，站内道床顶宽为 3.1 m，边坡为 1∶1.75，砟石 0.3 m、混砂 0.2 m；每千米混凝土枕在道床内体积按 98.7 m³（1 760 根/km）计算，人字坡按 3% 放坡。依据规范，投石挤淤从路基基脚两侧向外抛填 0.5 m，按 1∶1 放坡。

5．横、纵断面、平面示意图

（1）横断面图如图 2-1-1。

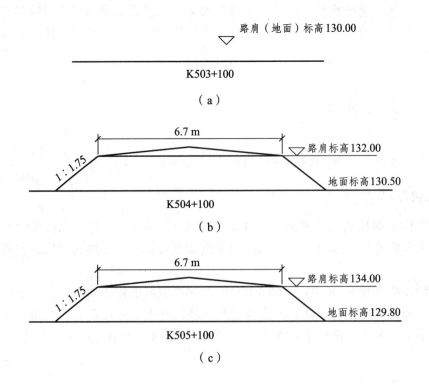

路肩（地面）标高 130.00

K503＋100

（a）

6.7 m

路肩标高 132.00

1∶1.75

地面标高 130.50

K504＋100

（b）

6.7 m

路肩标高 134.00

1∶1.75

地面标高 129.80

K505＋100

（c）

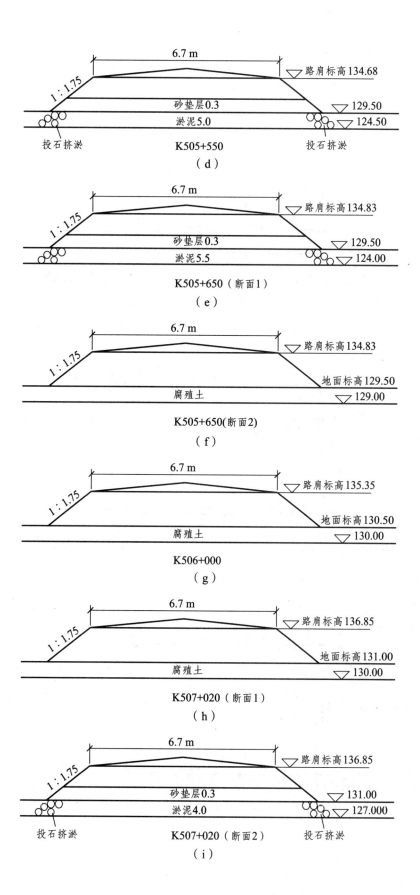

6.7 m

1 : 1.75

▽ 路肩标高134.68

砂垫层0.3 ▽ 129.50

淤泥5.0 ▽ 124.50

投石挤淤 投石挤淤

K505+550

（d）

6.7 m

1 : 1.75

▽ 路肩标高134.83

砂垫层0.3 ▽ 129.50

淤泥5.5 ▽ 124.00

K505+650（断面1）

（e）

6.7 m

1 : 1.75

▽ 路肩标高134.83

地面标高129.50

腐殖土 ▽ 129.00

K505+650(断面2)

（f）

6.7 m

1 : 1.75

▽ 路肩标高135.35

地面标高130.50

腐殖土 ▽ 130.00

K506+000

（g）

6.7 m

1 : 1.75

▽ 路肩标高136.85

地面标高131.00

腐殖土 ▽ 130.00

K507+020（断面1）

（h）

6.7 m

1 : 1.75

▽ 路肩标高136.85

砂垫层0.3 ▽ 131.00

淤泥4.0 ▽ 127.000

投石挤淤 投石挤淤

K507+020（断面2）

（i）

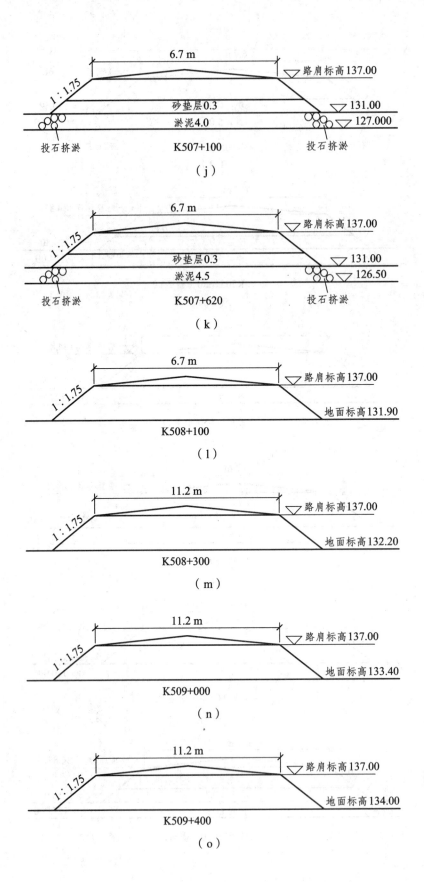

6.7 m

1 : 1.75

▽ 路肩标高137.00

砂垫层0.3

▽ 131.00

淤泥4.0

▽ 127.000

投石挤淤

K507+100

投石挤淤

（j）

6.7 m

1 : 1.75

▽ 路肩标高137.00

砂垫层0.3

▽ 131.00

淤泥4.5

▽ 126.50

投石挤淤

K507+620

投石挤淤

（k）

6.7 m

1 : 1.75

▽ 路肩标高137.00

地面标高131.90

K508+100

（1）

11.2 m

1 : 1.75

▽ 路肩标高137.00

地面标高132.20

K508+300

（m）

11.2 m

1 : 1.75

▽ 路肩标高137.00

地面标高133.40

K509+000

（n）

11.2 m

1 : 1.75

▽ 路肩标高137.00

地面标高134.00

K509+400

（o）

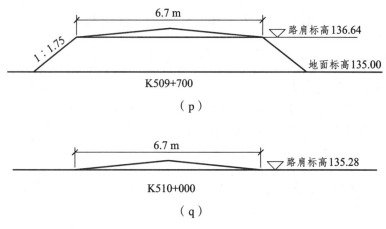

（p）

（q）

图 2-1-1　横断面示意图

（2）纵断面图如图 2-1-2。

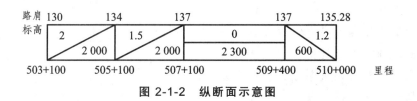

图 2-1-2　纵断面示意图

（3）平面示意图如图 2-1-3。

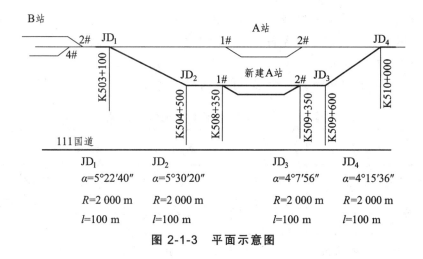

图 2-1-3　平面示意图

6. 施工组织方案

区间路基土石方工程全部采用机械作业，施工单位配有≤1 m³ 挖掘机数台，配合 ≤10 t 的自卸汽车进行运土，运距 15 km；腐殖土（按松土考虑）用≤90 kW 的推土机弃至界外 100 m 后再换填成一般土并夯实；淤泥地段采用抛填片石方法增加基底强度，上部再夯填砂卵石作为反滤层然后再做路基；全线按设计时速≤160 km/h 的 Ⅰ 级铁路设计，路基边压实边洒水，路拱面（人字坡）按 3%放坡，全线路基土石方工程完成后进行路基和边坡整修。

轨道部分先铺底砟、再铺面砟，考虑线路沉落整修，轨节拼装后用铺轨机依次铺设，铺轨机安拆、调试一次，最后进行轨道调整。轨道主要备用料按每正线公里钢轨 1 根，接头夹板 4 块，接头螺栓、垫圈 4 套，扣件 5 套，轨枕 2 根考虑。

根据本工程的情况，不考虑大型临时设施的设置问题。

三、课程设计内容

（1）根据已知资料熟悉该工程主要的路基、轨道等单项工程施工过程。

（2）计算本工程所需的工程数量，并以路基、轨道部分工程量为基础进行单项工程概（预）算文件的编制，主要设计计算内容包括：

① 计算路基土石方工程主要工程量；

② 进行配轨计算，确定轨道部分主要材料用量；

③ 查询定额，确定基价；

④ 查询材料差价调整系数，进行价差调整；

⑤ 编制单项概（预）算表（附表 1、附表 2）；

⑥ 填写综合概（预）算表（附表 3、附表 4）；

⑦ 编制总概（预）算表（附表 5），编写编制说明。

（3）为顺利完成课程设计任务，对本次设计计算进行适当简化。具体简化方法如下：

① 在计算过程中，因定额条件限制，现行基价可直接套用定额表中的基价，而不再另外查找基价表。

② 人工、材料和机械价差按表 2-1-1 所列情况进行调整。

表 2-1-1　人工、材料和机械价差调整

序号	项目名称	单位	基期单价	编制期单价	价差
1	Ⅰ类人工费	工日	20.35	30＋学号后两位	
2	材料费（按系数调差）	元	1.00	1.58	
3	机械费（按系数调差）	元	1.00	1.88	

③ 略去主要材料平均运杂费单价分析与计算，材料运杂费单价按 15 元/（t·km）计列，填料费按 5 元/m³ 计。

④ 略去运杂费单价分析表、补充单价分析汇总表、补充单价分析表、补充材料单价表、主要材料预算价格表、设备单价汇总表、技术经济指标统计表等表。

⑤ 每千米铺轨根数 1 760 根的线路，轨枕在道床内的体积为 98.7 m³/km。

⑥ 价差预备费与利息的调整。

该工程在概预算编制完后两年开工，建设期为两年，第一年投资 60%，第二年投资 40%，工程造价年增长率为 6%。该项目的投资 40%采用银行贷款，贷款金额按施工年度分年均额发放，建设期只计息不支付，银行贷款年利率为 5%。

四、课程设计方式

每班 5 套定额（分路基、轨道共 2 本），由班长负责保管（女生可单独申请 2 套定额），每班约分 10 小组，每小组由 3 ~ 4 人，指定组长 1 名，全面负责本小组设计，包括任务分工与合作方式、组员参与程度考核、定额的调配与使用、成绩的排名等。每小组按给定的路基、轨道等内容，由组长进行细部任务分工与协作安排，在指导教师的指导下，每小组学生独立完成给定工程的概（预）算计算书 1 份。如果有意愿自己独立完成 1 份设计，则以其设计质量单独评定成绩。要求统一封面设计，用 A4 纸打印，用订书机在左侧钉 2 颗订书针即可。

五、时间安排

该课程设计的时间为期 1 周，具体进度安排如表 2-1-2 所示。

表 2-1-2　课程设计时间安排

日期		设计任务
星期一	上午	阅读本设计任务书与指导书、教材，借阅定额
	下午	完成路基工程工程量的计算
星期二	上午	配轨计算，计算轨道部分材料用量
星期三	上午	查阅定额，进行项目列项
	下午	编制路基工程单项概预算表
星期四	上午	编制轨道工程单项概预算表
	下午	进行综合概预算表的编制汇总
星期五	上午	进行总概预算表的编制汇总
	下午	整理设计成果，核算数据

六、考核方法和内容

主要根据平时的出勤情况、计算的正确性、设计的合理性、文字的工整程度和独立思考的程度等综合评分，采用优、良、及格、不及格四级记分制评定课程设计成绩。

要求在规定的时间内，以组为单位，按课程设计任务书的要求逐项完成后，由各小组组长根据完成设计情况，评定各组学生的成绩名次或按 20%、50%、20%、10%的比例按优、良、及格指定名单。然后指导教师再根据所完成设计的质量及平时表现，结合小组评定情况给定设计的最终成绩（独立完成者直接以作业质量评定）。如发现计算严重错误或互相抄袭者以不及格论处。

实训二　铁路桥涵概预算实训

一、原始资料

（1）建设名称：三茂线××段。

（2）该工程为单线铁路，概预算编制与施工在一年内完成。

（3）工程名称：小桥（22座）。

（4）工程地点：DK128 + 600 ~ DK234 + 500。

（5）工程总量：550.28 延长米。

（6）综合运杂费单价：25 元/t。

（7）编制期的综合工费标准：（30 + 10 × 组号）元/d。

　　　编制期的材料预算价格上涨幅度：68%。

　　　机械台班单价上涨幅度：学号后两位%。

（8）该工程不需外购填料。

（9）该工程不计行车干扰施工增加费。

（10）该工程造价增长预留费与建设期投资贷款利息均不计。

（11）工程量统计：

① 扩大基础：

人挖双轮车运坑深 3 m 以内无水无挡板	7 408 m³
人挖双轮车运坑深 3 m 以内有水无挡板	2 537 m³
人挖双轮车运坑深 3 m 以内无水有挡板	1 276 m³
人挖双轮车运坑深 3 m 以内有水有挡板	2 324 m³
人力打眼爆破石方双轮车运深 3 m 以内有水	3 025 m³

土围堰填筑	649 m³
土围堰拆除	549 m³
草袋围堰填筑	938.8 m³
草袋围堰拆除	738.8 m³
基坑抽水弱水流	3104 m³
基坑抽水中水流	5315 m³
基础 150# 混凝土	633 m³
基础 150# 片石混凝土	788.1 m³

② 钻孔桩：

机械钻孔 ø1.0 粗砂	990.47 m
机械钻孔 ø1.0 风化岩	582.09 m
机械钻孔 ø1.25 软塑黏性土	90.22 m

③ 墩台身：

200# 混凝土墩台基础	3 236 m³
200# 混凝土实体墩台	1 521 m³
200# 混凝托盘及台顶	682 m³
200# 钢筋混凝土顶帽	744 m³
200# 钢筋混凝土道砟槽	123 m³
200# 钢筋混凝土耳墙	266 m³

④ 上部建筑：

钢筋混凝土直线梁-10	7 孔
钢筋混凝土曲线梁-12	6 孔
低高度钢筋混凝土直线梁-10	5 孔
低高度钢筋混凝土曲线梁-12	3 孔

⑤ 桥面系：

墩台检查设备围栏	30 个
检查梯	30 个
双侧人行道（1.05）及钢栏	548.04 m
钢筋混凝土桥护轮轨铺设	647.8 m

⑥ 附属工程：

100# 混凝土碎石最大粒径 20 垫层	283.2 m³
锥体干砌片石	2 947.5 m³
锥体 50# 浆砌片石	4 559 m³
甲种防水层（混凝土）	1 959 m²

二、设计任务

（1）根据以上资料，编制该工程的单项概算。
（2）根据单项概算及有关已知数据编写综合概算与总概算。

三、应交资料

交单项概算、综合概算、总概算资料，并装订成册。

四、概预算的编制依据

（1）批准的建设项目任务书和主管部门的有关规定。
（2）施工设计文件，包括设计说明书、设计图表、工程数量等。
（3）《铁路基本建设概预算编制办法》，即 113 号文。
（4）定额：《铁路工程预算定额》的《路基工程》与《桥涵工程》分册。
（5）施工组织设计文件。
（6）施工调查资料。
（7）有关施工规范与操作规程。
（8）有关协议、纪要与合同。

五、概预算的编制步骤

（一）单项概算的编制

（1）列项：根据工程设计的内容，按"综合概算章节表"的要求，将一个复杂的建设项目分解成若干个工作项目，并按章节顺序依次列出。
（2）计算各分项工程的工料机费用合计。

　　工料机费合计 $= \sum$ 各工作项目的定额基价 × 相应工作项目的数量
（3）价差合计。

　　价差合计 = 人工费价差 + 材料费价差 + 施工机械使用费价差
（4）运杂费。

　　运杂费 = 材料总质量 × 综合单价
（5）施工措施费。

　　施工措施费 =（基期人工费 + 基期施工机械使用费 ）× 费率

（6）直接费。

直接费 = 直接工程费 + 施工措施费 + 特殊施工增加费

（7）间接费。

间接费 =（基期人工费 + 基期施工机械使用费）× 费率

（8）计算税金。

税金 =（直接费 + 间接费）× 3.35%

（9）单项概（预）算价值。

单项概（预）算价值 = 直接费 + 间接费 + 税金

（10）编制单项概预算表（附表 1、附表 2）。

（二）综合概算的编制

（1）以单项概算为依据，按综合概算章节表的顺序，将一至十章各类工程的单项概算分 I 建筑工程、Ⅱ 安装工程、Ⅲ 设备购置费、Ⅳ 其他费依次分章节进行汇总。

（2）计算第十一章其他费用。

（3）计算第十二章基本预备费。

（4）计算第十三章工程造价增长预留费。

（5）计算第十四章建设期投资贷款利息。

（6）计算第十五章机车车辆购置费。

（7）计算第十六章铺底流动资金。

（8）计算概算总额。

（9）编制综合概预算表（附表 3、附表 4）。

（三）总概算的编制

根据综合概算表，按相应综合概算的各章别费用分别填入 I 建筑工程、Ⅱ 安装工程、Ⅲ 设备购置费、Ⅳ 其他费内。

编制总概（预）算表（附表 5）。

实训三　铁路站场工程概预算编制

一、目的和任务

在学生学完"铁路工程概预算"这门课程及有关专业课程后，在教师指导下，学生综合运用这部分内容独立完成一项工程的设计概算。

通过课程设计，学生能掌握编制单项概预算、综合概预算及总概预算的基本方法，了解并熟悉定额内容、定额的使用、概预算的编制原则等，加深他们对所学内容的理解。

二、设计题目

本设计题目为：南昌北站某货物专用线概算编制。

三、原始资料

南昌北站某货物专用线，设计为新建单线、Ⅱ级铁路，全长 1.75 km，不含车站工程，主要工程包括拆迁工程、路基、桥梁、涵洞、轨道等工程。概预算编制与施工在一年内完成。

1. 主要工程数量情况

线路长度 1.75 km；大桥 1 座计 237.7 延长米；涵洞 1 座，计 71.45 横延米；路基土石方 32 630 m³，其中挖方 9 230 m³，填方 23 400 m³，具体详见表 2-3-1。

表 2-3-1　南昌北站某货物专用线工程数量表

序号	工程项目	计量单位	数量	备注
一	拆迁与征地			
（一）	改移公路	km	0.5	
（二）	征用土地	亩	35	
（三）	拆迁工程			
1	民房	m²	350	
2	水井	个	2	
3	坟墓	座	10	
二	区间路基土石方	断面方	33 230	
（一）	土方	断面方	32 630	
1	机械挖普通土方	断面方	9 230	
2	机械填普通土方	断面方	23 400	
3	机械借普通土方	断面方	14 725.19	

序号	工程项目	计量单位	数量	备注
三	桥梁工程	延长米	237.7	
(一)	基坑开挖	m³		
1	挖软石	m³	5 472	人力打眼开挖，人力提升，3 m以上、无水
2	基坑回填原土	m³	4 033	
(二)	基础			
1	片石混凝土	m³	616	基础
2	泵送混凝土	m³	324	陆上承台
3	承台钢筋	kg	3 953	HRB335
4	钻孔桩	m	120	陆上钻孔，土，桩径≤1.0 m
5	钻孔桩	m	417	陆上钻孔，软石，桩径≤1.0 m
6	水上钢护筒埋设及拆除	t	4.712	桩径≤2 m
7	钻孔桩钢筋	kg	10 540	陆上钢筋笼制安
8	泥浆外运	m³	421.8	运距为2 km
9	土质钻渣	m³	149.2	运距为2 km
10	石质钻渣	m³	111.9	运距为2 km
(三)	墩台身			
1	陆上泵送混凝土	m³	1 073	墩台身
2	泵送混凝土	m³	120.5	托盘
3	混凝土	m³	58	陆上顶帽、墩高≤30 m
4	顶帽钢筋	kg	2 905	Q235钢
5	混凝土	m³	6.7/5.4	耳墙/道砟槽，非泵送
6	耳墙钢筋	kg	204	Q235钢
7	道砟槽钢筋	kg	109	Q235钢
四	涵洞	横延米	71.45	盖板箱涵
1	基坑挖石	m³	2 644.8	人力打眼开挖，人力提升，3 m以上、无水
2	基坑回填浆砌片石	m³	881.6	M5
3	片石混凝土	m³	334.9	涵身基础、出入口基础
4	混凝土	m³	191.5	涵身中边墙
5	混凝土	m³	39.4	涵身端翼墙

序号	工程项目	计量单位	数量	备注
6	混凝土	m³	20	帽石
7	混凝土	m³	48.3	预制及安装盖板
8	钢筋	kg	4 899/456	盖板铁 HRB335/Q235
9	沉降缝	m²	14.4	沥青麻筋（厚20）
10	防水层	m²	226	TQF-Ⅱ丙种
11	M7.5浆砌片石	m³	387	出入口沟床、边坡、锥体垂裙
12	M7.5浆砌片石	m³	11.7	检查台阶
13	沟床开挖	m³	2 150	人力挖土方人力提升，（≤3 m，无水）

2. 施工组织方案

区间路基工程，挖方（天然密实断面方）9 230 m³，全部利用，挖掘机（≤2.0 m³）配合自卸汽车（≤8 t）运输 3 km。填方（压实后断面方）23 400 m³，除利用方外的缺口需借土，挖掘机配合自卸汽车运输 5 km。在土石方调配时首先考虑移挖作填，假设路基挖方和借土挖方均为普通土，则路基挖方作为填料压实后的数量为 9 230/1.064 = 8 674.81 m³，需外借土方 23 400 – 8 674.81 = 14 725.19 m³（压实后断面方），采用压路机压实，洒水距离≤1 km。

桥梁工程：拟从贵溪桥梁厂购买桥梁，每孔 20 万元，用 130 t 架桥机架设，桥涵基础施工采用人工开挖。

轨道工程：采用人工铺轨与养护。

3. 有关设计或协议标准

（1）本段拆迁工程，房屋按 1 850 元/m² 补贴，水井 2 100 元/个，坟墓 2 000 元/座。

（2）简易公路车道采用宽度为 5 m 的泥结石路面，按综合价 30 元/m² 的标准修建。

（3）征用土地按 21 000 元/亩标准补偿，用地勘界费按 300 元/亩考虑。土地征用、拆迁建筑物手续费的费率为 0.40%。

4. 运杂费的规定

综合运杂费单价：25.36 元/t。

5. 其他相关资料

（1）编制期的综合工费标准：30.00 元/工日。
编制期的材料预算价格上涨幅度：25%。
编制期的机械台班单价上涨幅度：30%。

（2）该工程不需外购填料。

（3）该工程不计行车干扰施工增加费。

（4）该工程造价增长预留费与建设期投资贷款利息均不计。

6. 参考文献

（1）铁建设〔2006〕113号文,《铁路基本建设工程设计概（预）算编制办法》。

（2）铁道部,路基工程预算定额（2010年度）。

（3）铁道部,桥涵工程预算定额（2010年度）。

（4）李明华编著,铁路及公路工程施工组织与概预算,中国铁道出版社,2006.8。

四 、 设 计 要 求

（1）根据以上资料,编制该工程的单项概算。

（2）根据单项概算及有关已知数据编写综合概算与总概算。

（3）交单项概算、综合概算、总概算资料,并装订成册。

实训四　铁路隧道及轨道工程概预算编制

一 、 目 的 和 任 务

在学生学完工程概预算这门课程及有关专业课程后,在教师指导下,学生综合应用这部分内容独立完成一项工程的施工图预算或概算。

通过课程设计,学生能掌握计算工程量以及编制个别概预算、综合概预算、总概预算的基本方法,了解并熟悉定额内容、定额的使用、概预算的编制原则等,加深他们对所学内容的理解。

由于课程设计课时少,所以不可能涉及概预算编制的所有内容。本次课程设计的主要内容是路基、轨道、隧道和涵洞等,每组同学选择一份原始资料进行概预算编制。

二 、 设 计 题 目

本设计题目为：××隧道工程概预算编制。

三、已知资料

（一）××铁路工程

某工程处在四川省，广元地区担任某新建铁路施工任务，其工程数量及有关资料如下。

1．工程数量

（1）拆迁建筑物：

① 拆迁民房 200 m²，单价 200 元/m²；

② 拆迁其他建筑物 400 m²，单价 300 元/m²；

③ 迁移通信线路 3 km，单价 10 000 元/km；

④ 迁移电力线路 4 km，单价 15 000 元/km。

（2）路基工程。

土方（普通土）：

① 挖方 10 083.09 m³，其中 2 883.1 m³、3 317.8 m³、1 851.19 m³、2 031 m³ 运距分别为 2 km、3 km、5 km、7 km；

② 填方（普通上）6 200.9 m³。

石方（次坚石）：

① 挖方 6 134.4 m³，其中 4 000 m³、2 134.4 m³ 运距分别为 2 km、3 km；

② 填方（次坚石）4 000 m³。

（3）盖板箱涵。

盖板箱涵 10 座，其分项工程量如下：

① 土方路基 1 000 m³；

② 100#浆砌片石基础 800 m³；

③ 150#混凝土端、翼墙 200 m³；

④ 150#混凝土中、边墙 1 000 m³；

⑤ 预制 200#钢筋混凝土盖板 200 m³；

⑥ 100#水泥砂浆人力安砌盖板 200 m³。

（4）轨道工程。

① 新铺线路（km）：

正线铺轨 50 kg/m，轨长 25 m 1 840 根钢筋混凝土枕（弹条扣件）9.34 km；

50 kg/m，轨长 25 m 1 840 根 Ⅰ 类油枕（木枕）4 钉轨 0.168 km。

② 铺砟：铺道砟 25 594 m³，其中底砟 19 963 m³，面砟 5 631 m³。

轨道工程材料供应方式如表 2-4-1。

表 2-4-1　轨道工程材料供应方式

材料名称	来源地	专用线长度	火车运距（营）	工程列车运距
钢轨	××钢厂	3.5 km	1 680 km	30 km
钢筋混凝土枕	××厂	1.0 km	720 km	30 km
Ⅰ类油枕	××厂	2.5 km	570 km	30 km

另：营业线车站至轨节场的调车距离为 1 km，其他材料综合运距为工程列车运 30 km。

2. 材料预算价格

基期材料预算价格采用《铁路工程建设材料基期价格》（2005 度），编制期的材料预算价格按照编制办法的相关规定进行分析。

3. 其他工程（除轨道工程外）的运输有关资料

（1）其他主要材料：由来源地用汽车运往各地。公路运距分别为：至土方工地运距 125 km，至石方工地运距 130 km，至涵洞工地运距 128 km。

（2）碎石、砂、砖、瓦、石灰材料均由各料场用汽车运往各工地，其运距见表 2-4-2。

表 2-4-2　材料运距

	土 方	石 方	涵 洞
砂			12
碎石			15
片石			18

（3）汽车综合运价率按有关资料自行分析计算，装卸单价按编制办法表 6 的有关规定执行。

4. 其他费用

（1）本段工程共征用土地 300 亩，地价 3 500 元/亩，青苗补偿费 10 000 元/亩，设计定员 50 人。

（2）除了主材和水、电以外的其他材料价差系数查部颁材料价差系数调整。

5. 设计内容及要求

试根据以上资料编制该段工程总概算（每一位同学必须做拆迁建筑物、轨道工程，另外再从路基工程和涵洞工程中任选一种）。

要求：（1）采用价差系数法编制单项概算、综合概算表、总概算表。

（2）提交单项概算表、综合概算表、总概算表、全程运杂费计算表、工料机统计表。

（二）××隧道工程

本段工程共征用土地 300 亩，地价 3 500 元/亩，青苗补偿费 10 000 元/亩，设计定员 50 人。

试根据以上资料编制该隧道工程总概算。

要求：（1）采用价差系数法编制单项概算、综合概算表、总概算表。

（2）提交单项概算表、综合概算表、总概算表、全程运杂费计算表、工料机统计表。

主要工程数量见表 2-4-3。

表 2-4-3　主要工程数量

工程项目		工作内容	单位	工程量
洞口工程	开挖	进口（次坚石）	m³	603
		出口（软石）	m³	1 019
	圬工	M5 浆砌片石	m³	11
		C20 混凝土	m³	215
		M10 浆砌片石（路基面铺砌）	m³	19
		耐腐蚀剂 RMA	kg	6 295
洞口防护工程		M5 浆砌片石	m³	152
		M10 浆砌片石	m³	224
		喷混凝土 C20	m³	3
		钢筋网	kg	106
		直径 22 砂浆锚杆	m	33 根 132 m
洞身开挖		Ⅳ级	m³	111 263
衬砌圬工	Ⅳ级	耐腐蚀钢筋混凝土 C30	m³	413
		耐腐蚀混凝土 C25	m³	20 972
	复合	混凝土 C20	m³	5 574
		衬砌钢筋 20MnSi	kg	13 919
	衬砌	衬砌钢筋 Q235	kg	4 501
		耐腐蚀剂	kg	586 056
		喷耐腐蚀微纤维混凝土 C20	m³	4 913
		XD-F 微纤维	kg	4 421
施工	初期	钢筋网 Q235	kg	65 474
		直径 25 中空注浆锚杆	m	19 842 根 50 480 m
		直径 22 砂浆锚杆	m	20 487 根 52 331 m
支护	支护	格栅钢架　钢材质量	kg	82 596
		格栅钢架　混凝土垫块	m³	13

工程项目		工作内容	单位	工程量
沟槽盖板		直径22超前砂浆锚杆	m	1 325 根 4 638 m
		耐腐蚀剂	kg	163 270
		钢筋混凝土 C20	m³	243
		盖板钢筋 Q235	kg	20 017
		沟身钢筋 20MnSi	kg	31 703
防排水		复合防水板	m²	76 457
		止水带	m	12 452
		带状透水盲管（直径50）	m	6 264
		复合式衬砌背后压浆（Ⅳ级）	m³	1 084
弃砟	弃砟量	出口弃砟（运距4 000 m）	m³	82 700
	弃砟	开挖	m³	1 670
	挡墙	浆砌片石	m³	5 455

四、单项工程概算编制步骤

（一）定额单价分析

定额单价分析计算步骤：

（1）确定单项概算编制单元（大单元：单独的工程类别如区间路基土石方、大桥、中桥等，或规定要单独编制单项概算的独立工点。小单元："章节表"上最小的工程子项，如路基土石方中的人力施工、机械施工等）。

（2）将编制单元分解为几项分部（分项）工程，分解到能查预算定额为止；如无定额可查，则应编补充定额。

（3）根据施工图计算每一分部（分项）工程数量。

（4）查有关预算定额手册，列出每一分部（分项）工程预算定额规定的工、料、机消耗数量，列入单价分析表。

（5）将基期年工、料、机价格列入单价分析表。

（6）将第（4）（5）项分别相乘，然后汇总，即可计算出该分部（分项）工程的定额单价。

（7）将各分部（分项）工程定额单价和工程数量分别填入单项概算表中，分别相乘并汇总。即

$$单项概算工、料、机总费用 = \sum_{n=1}^{m}(分部（分项）工程工程量_n \times 定额单价_n)$$

其中：m 为编制单元被分解的分部（分项）工程的数量。

（二）计算人工、材料、机械台班数量

（1）根据汇总工程量中的工作项目，查单项定额得工、料、机的定额数量。

（2）用工作项目工程量分别乘以相应的工、料、机的定额数量，即得出该工作项目所需的人工工日、消耗材料数量及使用机械台班数量。

（3）将各工作项目的人工工日、材料数量及使用机械台班数量分别相加就可求出该单项工程所需的总劳力，各种材料消耗数量及各种机械使用的台班数量（利用工、料、机数量表计算）。

计算工、料、机数量，其作用就是：为分析平均运杂费，提供各种材料所占运量的比重；为计算各种备用机械台班，提供台班数量；为编制施工计划，进行基层核算提供可靠依据。

（三）运杂费单价分析与运杂费计算

1. 运杂费单价分析

平均运杂费单价的计算方法和步骤如下（利用平均运杂费单价分析表分析）：

第一步：取出"主要材料（设备）平均运杂费单价分析表"，填写表头。

第二步：根据编制办法表 7 将要计算运杂费的主要材料划分为 6 大类，然后分别根据各种材料运输方法及运价、装卸次数及装卸单价计算出各种材料每吨的全程运价。

第三步：计算采购及保管费。

第四步：将运杂费加总之后，即得出各类材料全程综合运杂费单价。

2. 计算运杂费

运杂费 = $\sum$[某种（或类）材料总质量（t）×该种（或类）材料平均运杂费单价（元/t）]

（四）计算价差

1. 人工费价差调整方法

按定额统计的人工消耗量（不包括施工机械台班中的人工）乘以编制期综合工费单价与基期综合工费单价的差额计算。

2. 材料费价差调整方法

（1）水泥、木材、钢材、砖、瓦、砂、石、石灰、黏土、土工材料、花草苗木、钢轨、道岔、轨枕、钢梁、钢管拱、斜拉索、钢筋混凝土梁、铁路桥梁支座、钢筋混凝土预制桩、电杆、铁塔、机柱、接触网支柱、接触网及电力线材、光电缆线、给水排水管材等材料的价差，按定额统计的消耗量乘以编制期价格与基期价格之间的差额计算。

（2）水、电价差（不包括施工机械台班消耗的水、电），按定额统计的消耗量乘以编制期价格与基期价格之间的差额计算。

（3）其他材料的价差以定额消耗材料的基期价格为基数，按部颁材料价差系数调整，系数中不含机械台班中的油燃料价差。

3. 施工机械使用费价差调整方法

按定额统计的机械台班消耗量，乘以编制期施工机械台班单价（按编制期综合工费标准、油燃料价格、水电单价及养路费标准计算）与基期施工机械台班单价的差额计算。

（五）其　他

（1）计算填料费。
（2）计算施工措施费。
（3）计算特殊施工增加费。
（4）计算间接费。
（5）计算税金。
（6）汇总本单元个别预算价值。

注：以上第（2）～（6）的各种费用计算详见"建筑安装个别预算计算程序"表，如表 1-2-1 所示。

实训五　铁路工程工程量清单计价实训

一、工程背景

某带形基础长 160 m，基础上部为 370 实心砖墙，带形基础的结构尺寸如图 2-5-1，其分部分项工程量清单如表 2-5-1，某承包商拟对此项目进行投标，根据本企业的管理水平确定管理费的费率为 12%，利润率与风险系数为 4.5%（以工料机与管理费之和为计算基数）。施工方案确定如下：基础土方采用人工放坡开挖，工作面每边为 300 mm，自垫层上表面开始放坡，坡度系数为 0.33，余土全部采用翻斗车外运，运距为 200 m。企业定额的消耗量如表 2-5-2，市场价格信息资料如表 2-5-3，混凝土配合比见表 2-5-4。

二、问　题

（1）计算挖基础土方工程量清单的综合单价。

（2）上述案例中如果招标人根据施工方案要求，预计可能发生的措施项目如下：

① 租赁混凝土及钢筋混凝土模板所需费用 18 000 元，支拆模板人工费 10 300 元；

② 租赁钢管脚手架所需费用 20 000 元，脚手架搭拆人工费 12 000 元；

③ 租赁垂直运输机械所需费用 30 000 元，操作机械的人工费约 6 000 元，燃料动力费约 4 000 元；

④ 环境保护文明施工、安全生产、二次搬运、夜间施工、冬雨季施工、生产工具使用、工程点交、场地清理、已完工程及设备保护等可能发生的费用总额按分部分项工程量清单合价的 5%计列，临时设施费按 3%计列。

根据上述条件，计算并编制该项目的措施项目清单计价表。

（3）招标人其他项目清单中明确：预留金为 30 万元，自供材料预计 220 万元，自行分包工程约 50 万元，总包服务费按分包工程费的 4%计列，试编制其他项目清单表。

（4）若现行规费的费率为 5%，税率合计 3.41%，试编制单位工程费用汇总表。

（5）若投标单位在总价基础上按 3%降造，确定单位工程总报价。

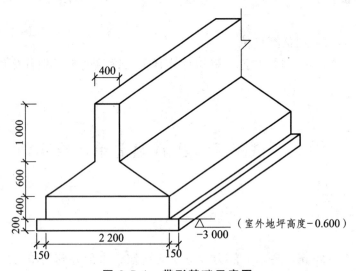

图 2-5-1　带形基础示意图

表 2-5-1　分部分项工程量清单

序号	项目编码	项目名称	单位	工程数量
1	010101003001	挖基础土方，三类土，挖土深度 4 m 以内，弃土运距 200 m	m³	956.80
2	010103001001	基础回填土（夯填）	m³	552.32
3	010401001001	带形基础垫层 C10，厚 200 mm	m³	73.60
4	010401001002	带形基础 C20	m³	307.20

表 2-5-2　企业定额消耗表（部分）

企业定额编号			8-16	5-394	1-9	1-46	1-54
项目		单位	混凝土垫层	混凝土带型基础	人工挖三类土	回填夯实土	翻斗车运土
人工	综合工日	工日	1.225	0.956	0.661	0.294	0.100
材料	现浇混凝土	m³	1.010	1.015			
	草袋	m³		0.252			
	水	m³	0.500	0.919			
机械	混凝土搅拌机	台班	0.101	0.039			
	插入式振捣器	台班		0.077			
	平板式振捣器	台班	0.079				
	机动翻斗车	台班		0.078			0.069
	电动打夯机	台班				0.008	

表 2-5-3　市场资源价格表

序号	资源名称	单位	价格（元）	序号	资源名称	单位	价格（元）
1	综合工日	工日	35.00	7	草袋	m³	2.20
2	325#水泥	t	320.00	8	混凝土搅拌机	台班	96.85
3	粗砂	m³	90.00	9	插入式振捣器	台班	10.74
4	砾石40	m³	52.00	10	平板式振捣器	台班	12.89
5	砾石20	m³	52.00	11	机动翻斗车	台班	83.31
6	水	m³	3.90	12	电动打夯机	台班	25.61

表 2-5-4　混凝土配合比　　　　　　　　　　　　　　单位：m³

项目		单位	C10混凝土垫层	C20混凝土基础
材料	325#水泥	kg	249.00	312.00
	粗砂	m³	0.510	0.430
	砾石40	m³	0.850	0.890
	水	m³	0.170	0.170

清单计价的部分样表见表 2-5-5～表 2-5-10。

表 2-5-5 分部分项工程量清单综合单价计算表

清单项目序号		1	2	3	4
清单项目编码					
清单项目名称					
计量单位					
工程量清单数量					
定额编号					
定额字目名称					
定额计量单位					
计价工程量					
定额基价					
合价					
人材机合计					
管理费					
利润					
成本价					
综合单价					

表 2-5-6 分部分项工程量清单综合单价分析表

<table>
<tr><td colspan="11" align="center">清单　　第××章　　××××</td></tr>
<tr>
<td rowspan="2">编　码</td>
<td rowspan="2">节号</td>
<td rowspan="2">名　称</td>
<td rowspan="2">计量单位</td>
<td colspan="5" align="center">综合单价组成（元）</td>
<td rowspan="2">综合单价（元）</td>
</tr>
<tr>
<td>人工费</td>
<td>材料费</td>
<td>机械使用费</td>
<td>管理费</td>
<td>利润及风险因素</td>
</tr>
<tr><td></td><td></td><td></td><td></td><td></td><td></td><td></td><td></td><td></td><td></td></tr>
<tr><td></td><td></td><td></td><td></td><td></td><td></td><td></td><td></td><td></td><td></td></tr>
<tr><td></td><td></td><td></td><td></td><td></td><td></td><td></td><td></td><td></td><td></td></tr>
<tr><td></td><td></td><td></td><td></td><td></td><td></td><td></td><td></td><td></td><td></td></tr>
<tr><td></td><td></td><td></td><td></td><td></td><td></td><td></td><td></td><td></td><td></td></tr>
<tr><td></td><td></td><td></td><td></td><td></td><td></td><td></td><td></td><td></td><td></td></tr>
<tr><td></td><td></td><td></td><td></td><td></td><td></td><td></td><td></td><td></td><td></td></tr>
<tr><td></td><td></td><td></td><td></td><td></td><td></td><td></td><td></td><td></td><td></td></tr>
<tr><td></td><td></td><td></td><td></td><td></td><td></td><td></td><td></td><td></td><td></td></tr>
<tr><td></td><td></td><td></td><td></td><td></td><td></td><td></td><td></td><td></td><td></td></tr>
<tr><td></td><td></td><td></td><td></td><td></td><td></td><td></td><td></td><td></td><td></td></tr>
</table>

表 2-5-7 工程量清单计价表

清单　第　章						
编码	节号	名　称	单位	工程数量	金额（元）	
					综合单价	合　价
第　章合计 ＿＿＿＿＿＿＿＿＿＿元						

表 2-5-8 措施项目清单计价表

序号	项目名称	计算方法	金额（元）
一	通用措施		
1	环境保护		
2	文明施工		
3	安全施工		
4	夜间施工		
5	施工排水、降水		
6			
二	专项措施		
1	模板		
2	脚手架		
3	垂直运输		
	合计		

表 2-5-9　其他项目清单计价表

序号	项目名称	金额（元）
1	招标人部分	
①	预留金	
②	自供材料费	
2	投标人部分	
①	自行分包费	
②	总承包服务费	
	合计	

表 2-5-10　单位工程费汇总表

序号	项目名称	金额（元）
1	分部分项清单计价合计	
2	措施项目清单合计	
3	其他项目清单合计	
4	规费	
5	税金	
	合计	

实训六　铁路工程投资测算体系（软件）操作训练

一、新建项目、设置项目信息

新建项目如图 2-6-1。

图 2-6-1 新建项目

项目创建完成后，默认弹出[项目设置]的窗口（图 2-6-2），用户可进行项目设置（在做项目期间若需要修改[项目设置]，请单击菜单[项目管理]-[项目设置]）。

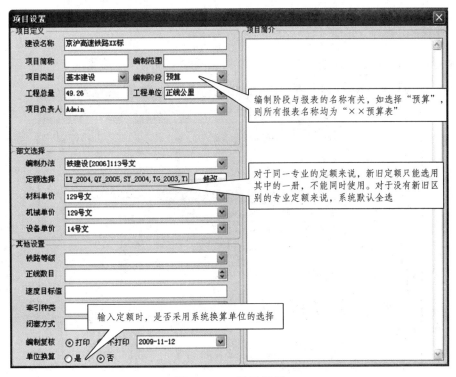

图 2-6-2 项目设置

二、工资单价的修改

单击菜单[数据准备]-[单价方案]-[工费方案]，见图 2-6-3，用户可以直接修改其单价。

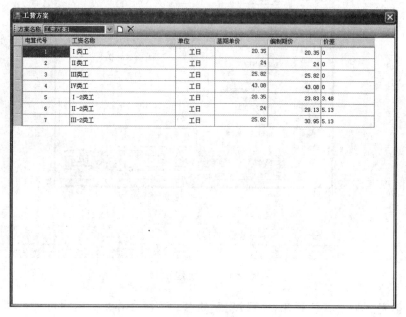

图 2-6-3 工费方案

三、材料单价的修改

新建材料单价方案，名称为"01 段 09 第二季度价格"，见图 2-6-4。

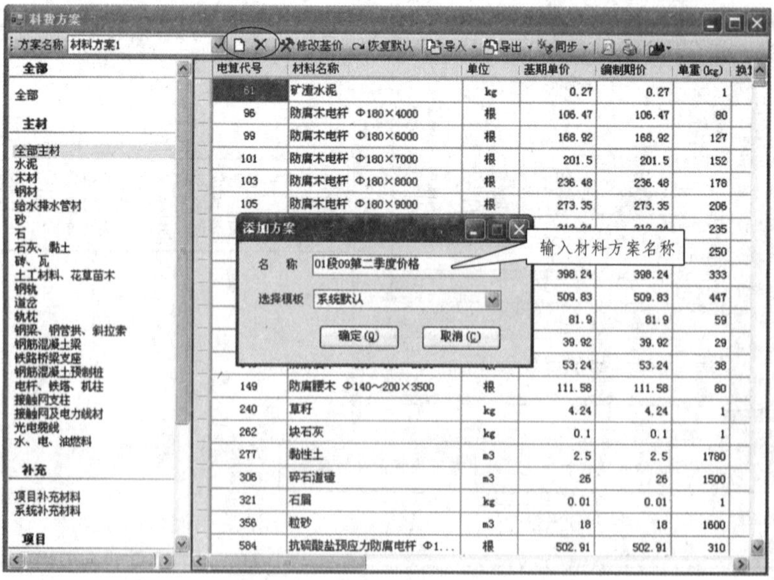

图 2-6-4 新建材料单价方案

采用 09 年第二季度主材信息价格，单击工具栏[导入]-[材料信息价格]，选择 2009 第 2 季度，选择地区及水泥品牌，点击[确定]，见图 2-6-5。

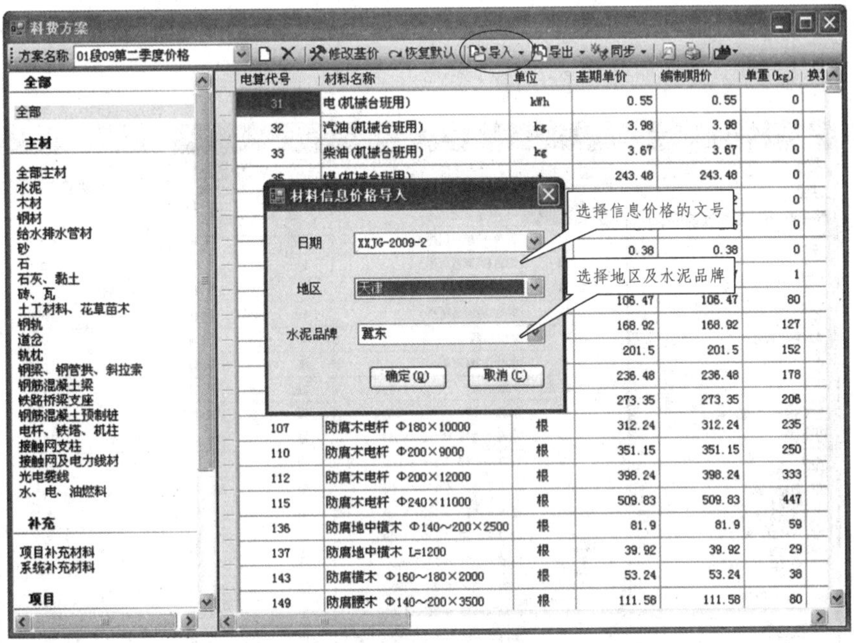

图 2-6-5　材料信息价格导入

信息价格导入成功后，单击左侧分类的[修改材料]，此时右侧所显示的红色编制期价格即为 2009 年第二季度信息价格，如果需要再次修改价格，直接在编制期价上修改即可，见图 2-6-6。

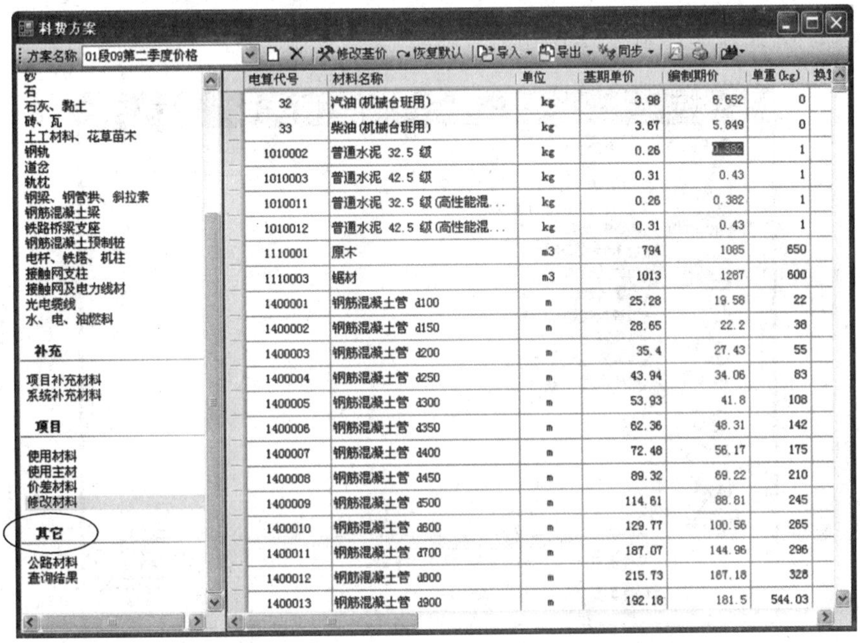

图 2-6-6　修改已导入的编制期价

1. 材料单价方案的导入导出

首先，左边点中分类中的[全部]，单击工具栏[导出]-[材料单价方案]，见图 2-6-7。注意：导出方案时，软件只导出右边所显示数据中修改过的材料；如果想把整个方案导出，务必点中[全部]，避免遗漏。

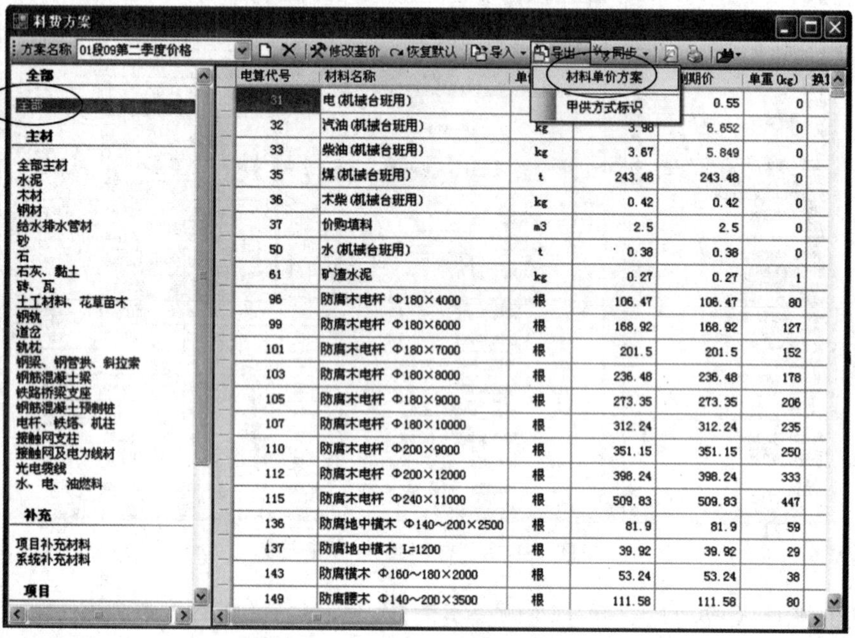

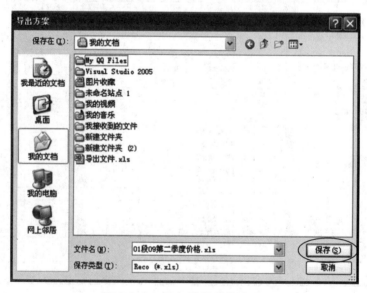

图 2-6-7　导出材料单价方案

其次，选择方案存放目录，保存（图 2-6-8），当前方案即以 Excel 文件形式导出，保存好此文件以备其他项目导入使用。

图 2-6-8　保存材料单价方案

最后，打开需要导入方案的项目，打开料费方案，单击工具栏[导入]-[材料单击方案]，选择刚才导出的 Excel 文件，输入导入方案的名称，点[确定]完成，见图 2-6-9。注：导入的方案以新方案形式存在，不影响其他方案数据。

图 2-6-9 导入材料单价方案时选择名称

2. 材料单价方案甲供方式的导入导出

首先，设置好材料的甲供方式后，单击左边分类中的[全部]，单击工具栏[导出]-[甲供方式标识]，见图 2-6-10。注意：导出方案时，软件只导出右边所显示数据中的甲供方式；如果想把整个方案甲供方式标识导出，需要点中[全部]，避免遗漏。

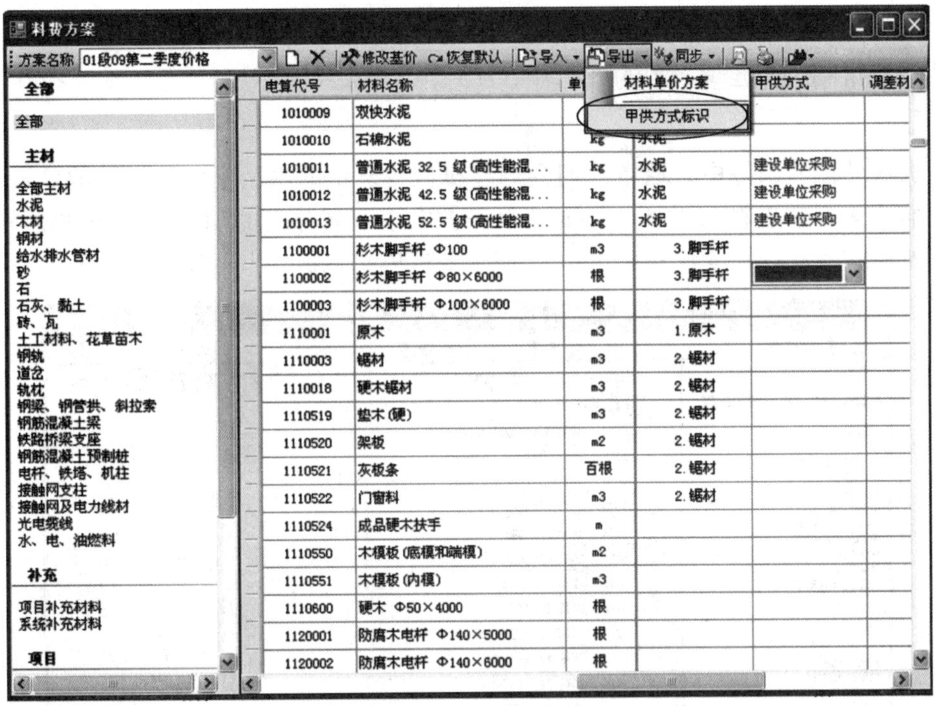

图 2-6-10 导出材料单价方案甲供方式

其次，选择方案存放目录，保存，当前方案即以 Excel 文件形式导出。

最后，选择需要导入的方案，单击[导入]-[甲供方式标识]，选择 Excel 文件，完成导入。注意：导入甲供方式与导入料费方案不同，料费方案以新方案形式存在，不影响其他方案，而导入甲供方式，是将甲供方式覆盖到所选中的当前方案中，影响当前方案的甲供方式。

3. 同 步

同步的含义是将某一个或多个方案的某项参数（甲供材料、调差材料、编制期价、主材标志）按照指定方案的数据设置。以"编制期价"为例，单击工具栏菜单[同步]-[编制期价]，选择源方案和目的方案，单击[确定]完成，见图 2-6-11。

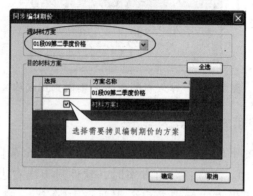

图 2-6-11　同步编制期价

四、机械台班单价的修改

在机械台班的调整中，通常我们会调整机械台班中的水、电、油燃料的价格和养路费月标准。水电油燃料的调整，需要到料费方案中左侧分类的[水、电、油燃料]中进行修改。而养路费月标准直接在图 2-6-12 所示的红圈里修改。

电算代号	机械台班名称	基价	基本折旧费	大修理费	经常修理费	安拆
19249	架梁起重机	1748.9	0	1748.9	0	
19362	载货汽车加挂车 ≤10t	372.7	51.95	9.47	53.13	
19526	砼内部振动器 d≤50mm	7.44	2.28	0	2.96	
19527	砼内部振动器 d≤75mm	12.58	4.18	0	5.43	
19528	砼外部振动器	7.85	2.26	0	3.39	
19529	砼附着振动器	8.97	2.4	0	3.6	
19699	水底电缆冲沟机	2034.49	136.13	7.03	14.06	
19711	浮箱 KC（一班制）	20.22	12.79	4.13	3.3	
19712	浮箱 KC（二班制）	10.11	6.4	2.06	1.65	
19713	浮箱 KC（三班制）	6.74	4.26	1.38	1.1	
19714	浮箱 TF（一班制）	14.32	9.14	2.88	2.3	
19715	浮箱 TF（二班制）	7.16	4.57	1.44	1.15	
19716	浮箱 TF（三班制）	4.78	3.05	0.96	0.77	
19765	乙炔发生器 ≤3m³/h	8.94	2.98	0	5.96	
19766	乙炔发生器 ≤5m³/h	18.27	6.09	0	12.18	
19802	铺轨机 25m	4943.12	1992.19	732	1830	
19827	长轨线路铺碴机	3465.68	1724.44	533.33	656	
19828	长轨压接焊作业线	23742.53	13800.05	3374.07	5331.40	
19829	长轨铺轨机	18939.33	8869.21	2925.93	5383.71	
19832	轨道打磨列车	46654.66	27542.61	5585.31	10240.17	
19835	架桥机 ≤450t	8959.37	5341.47	878.4	1133.14	

图 2-6-12　养路费月标准的修改

对于站前工程，计算材料的运杂费通常需要做材料的运输方案，单击[数据准备]-[运输方案]即可。做运输方案之前，首先我们要设置运杂费计算参数，如图 2-6-13 和 2-6-14 所示。

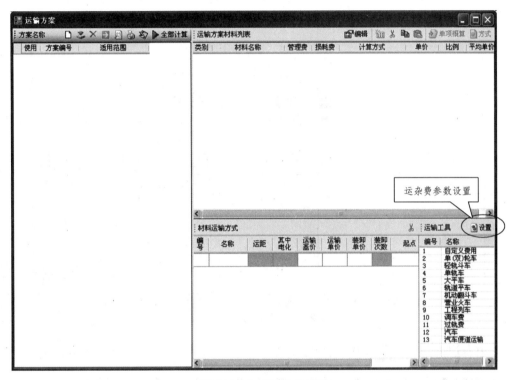

图 2-6-13　运输方案

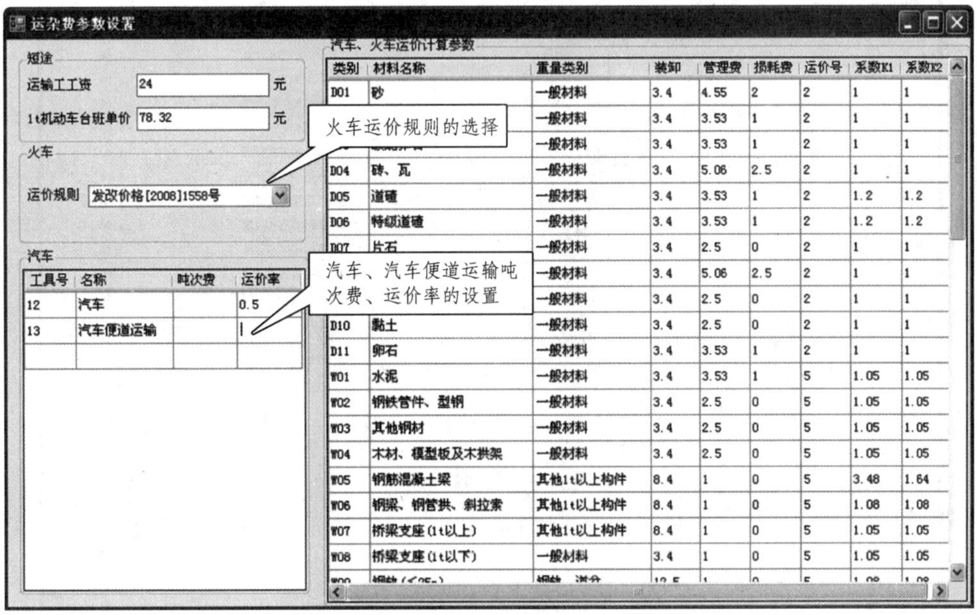

图 2-6-14　运杂费参数设置

设置完运杂费计算参数后，开始做运输方案，如图 2-6-15，新建一个方案。

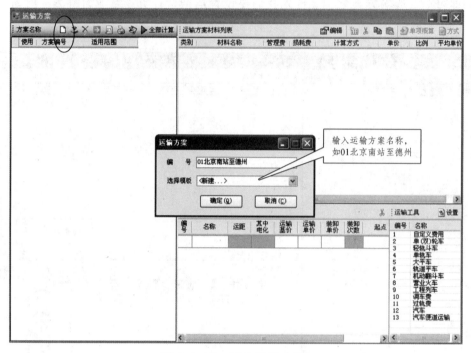

图 2-6-15　新建运输方案

选中右边的主材类别[D01]，在下边写入 D01 的运输计划，见图 2-6-16。

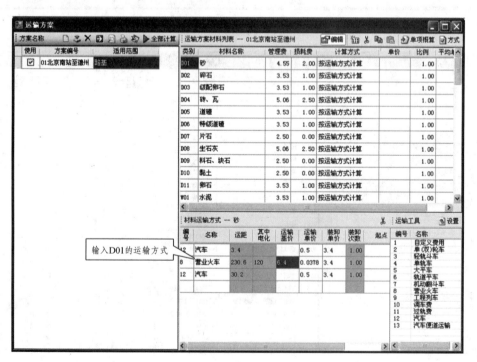

图 2-6-16　输入运输方式

做完 D01 砂的运输类别后，再选中其他的类别，继续完成运输方式，见图 2-6-17。

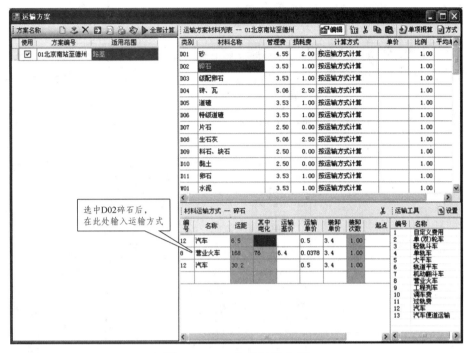

图 2-6-17　完成运输方案

运输方案做完后，切记一定要点击[计算]，见图 2-6-18。

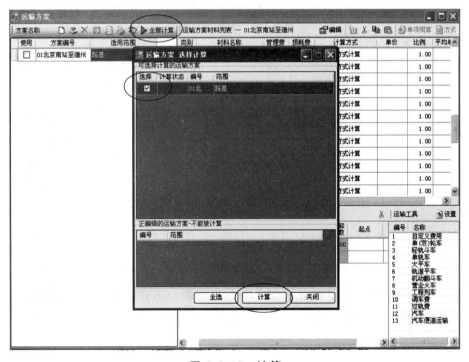

图 2-6-18　计算

如图 2-6-19，计算之后，软件计算出了平均单价。凡是平均单价为 0 的主材类别，软件自动参照 W28 其他主材的运输方式计算。

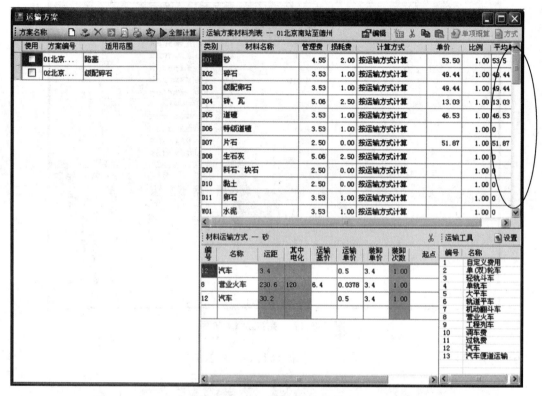

图 2-6-19　计算平均单价

注意：每次要修改运输方案时，首先打开要选中方案，点右边菜单的[编辑]按钮，此时即可操作此方案。若想操作另外方案，先取消当前方案的占用，即使[编辑]按钮处于未点中状态，选中其他方案，再点[编辑]也可修改。此外，修改过的运输方案一定要重新计算。

五、费率方案

1. 费用选项的调整

费率方案通常都需要调整，可以按照编制文件和所在地区进行各项费用的选项调整。例如：对于施工措施费来说，按照 113 号文编制办法，北京为 3 区，而软件默认为 1 区，所以我们需要修改其费用选项。操作方法：直接双击费用选项，选择费用选项后，点确定完成设置，见图 2-6-20。

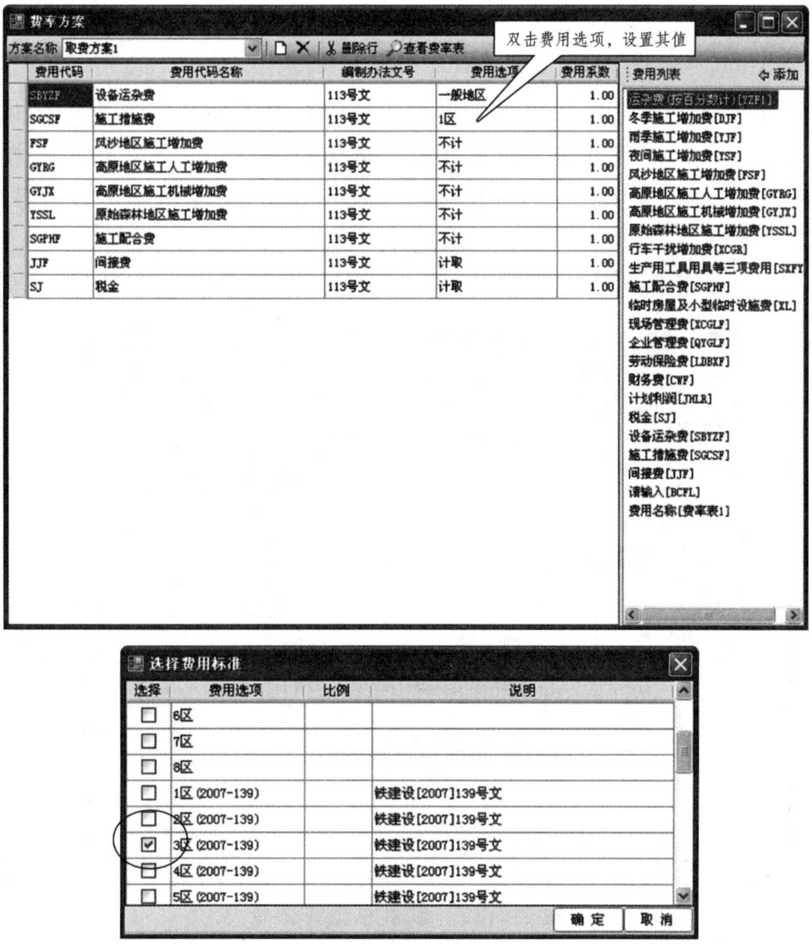

图 2-6-20　费用方案的调整

2. 费率值的修改

单击工具栏[查看费率表]即打开费率表，见图 2-6-21，用户可以直接修改其费率值。

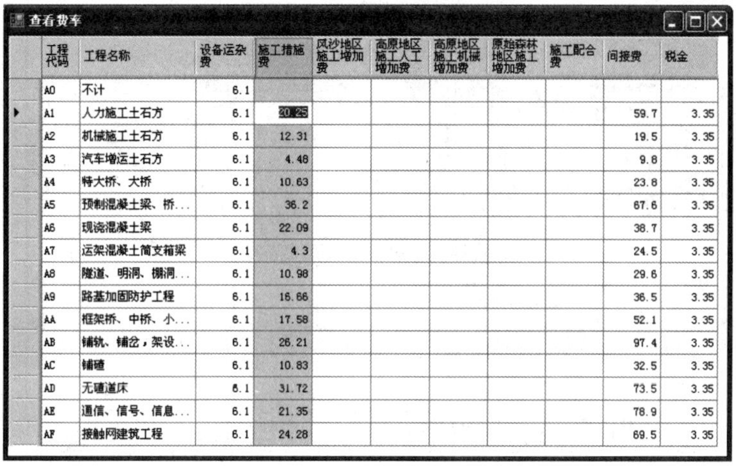

图 2-6-21　查看费率

六、工、料、机、结尾方案及价差系数的设置

前面我们介绍过，无论什么方案，我们都可以新建多个方案，具体采用哪个方案就需要用户自行指定了，工费方案、料费方案、机械费方案、设备费方案、结尾方案、价差系数文号及区号均在[总概算信息]中选择。如图 2-6-22，左边选中章节条目最上面的[总概算]条目（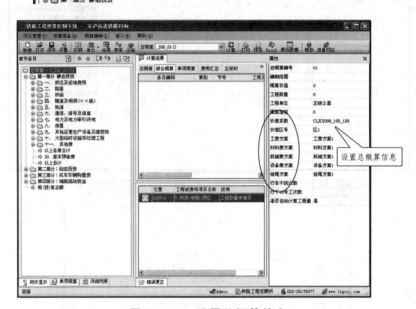），右边属性所显示的数据就是总概算信息。

图 2-6-22 设置总概算信息

单击材料费方案，选择[01 段 09 第二季度价格]即可，见图 2-6-23。

图 2-6-23 选择材料费方案

七、条目工程数量的修改

选中左边条目，在右边的属性里输入工程数量，如路基下的机械施工挖土方，首先选中条目编号为0202-01-01-01-02的机械施工，在右边属性中工程数量1处填入工程数量254 592，单位为立方米，见图2-6-24。

图 2-6-24　修改条目工程数量

八、定额输入

我们做个路基土方来说明定额输入方法。

（1）打开在左边章节条目 属性 | 条目编号 | 0202-01-01-01-01-02 ，中间显示[定额输入]，暂时把右边属性关闭，见图2-6-25。

（2）单击定额编号数据格，使定额输入表由原来的灰色变亮，即由不可编辑状态进入了编辑状态，然后再输入定额，见图2-6-26。

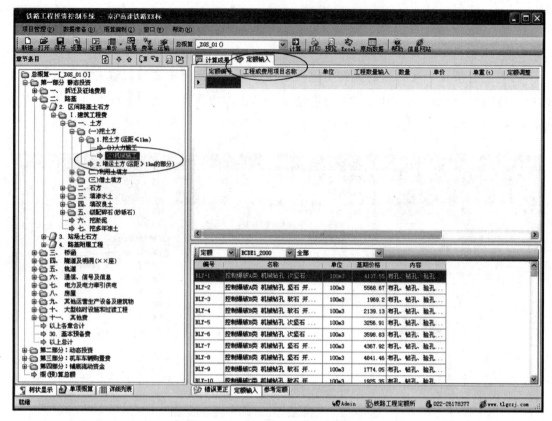

图 2-6-25 定额输入

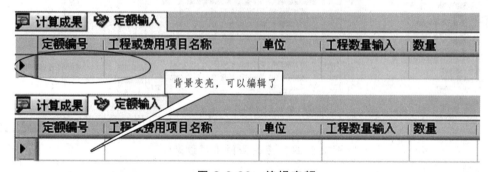

图 2-6-26 编辑定额

（3）输入定额及定额的工程量，进入编辑状态后，直接输入定额编号，然后回车输入工程数量（工程数量可以输入数值，也可以输入数学表达式），见图 2-6-27。

定额编号	工程或费用项目名称	单位	工程数量输入	数量	单价
LY-50	挖掘机（≤2.5m³）挖 装...	100m3	321.46	321.46	102.24

图 2-6-27 定额输入

当输入"LY-50"后，在定额输入的下面窗口会显示出 LY-50 的周围相关定额，见图 2-6-28。

图 2-6-28　输入相关定额

继续输入定额，直接在刚才[工程数量输入]数据格直接回车，即产生新行，同时带有上一条定额的字头 LY-，继续输入编号，回车，输入数量，以此类推，见图 2-6-29。

	计算成果	定额输入				
	定额编号	工程或费用项目名称	单位	工程数量输入	数量	单价
	LY-50	挖掘机(≤2.5m³)挖 装...	100m3	321.46	321.46	102.24
	LY-150	自卸汽车(≤20t)运土 运...	100m3	321.46	321.46	417.63
▶	LY-|					

图 2-6-29　类比输入其他定额

除了上述定额输入方法外，还有另外一种边查询边输入的方法，见图 2-6-30。

如图 2-6-30 椭圆圈标示所示，用户可以边查询边输入，在下边下拉框中依次选择定额、LY_2004、0102 机械施工，在下面所显示的数据中查找需要的定额，找到需要的定额后双击定额行，即完成输入，见图 2-6-31。但需要注意的是，在定额输入表中要填入该条定额的工程数量。

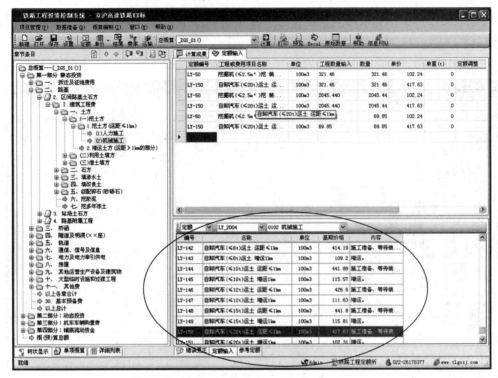

图 2-6-30　边查询边输入定额

图 2-6-31　完成输入

注：输入定额时，可以直接对定额乘系数，输入格式是定额编号*系数，如图2-6-32。

	定额编号	工程或费用项目名称	单位	工程数量输入	数量	单价	单重(t)
	LY-50	挖掘机（≤2.5m³）挖 装…	100m3	321.46	321.46	102.24	
	LY-150	自卸汽车（≤20t）运土 运…	100m3	321.46	321.46	417.63	
	LY-50	挖掘机（≤2.5m³）挖 装…	100m3	2045.440	2045.44	102.24	
	LY-150	自卸汽车（≤20t）运土 运…	100m3	2045.440	2045.44	417.63	
	LY-50	挖掘机（≤2.5m³）挖 装…	100m3	69.85	69.85	102.24	
	LY-150	自卸汽车（≤20t）运土 运…	100m3	69.85	69.85	417.63	
	LY-88	推土机（≤105kW）推运 …	100m3	109.17	109.17	115.85	
▶	LY-88*3	推土机（≤105kW）推运 …	100m3	109.17	109.17	115.85	

图 2-6-32　定额输入格式

九、行车干扰费的调整

软件默认情况下，不计行车干扰费，如果需要计取行车干扰费，务必调整软件设置。行车干扰费需要设置2个参数：

（1）行车干扰系数：在小计条目属性中的参数调整处进行设置，系数值表示计取量的系数，如按照工程量的30%计取行干，那么系数写上0.3即可。

（2）行车干扰次数。

在软件中，有两个地方可以填写行车干扰次数，一个是总概算信息中，另一个是小计参数调整中。总概算信息中的行车干扰次数代表当前总概算所有小计条目的行车干扰次数，而小计参数调整中的行车干扰次数仅表示当前小计的行车干扰次数。默认情况下，小计的行车干扰次数是-1，这个"-1"不表示数值，而是一个标示，表示此条小计的行车干扰次数依据总概算信息中的行车干扰次数计算。如果当前小计的行车干扰次数特殊，与总概算信息中的次数不一致，那需要改变此值，把次数填写上，具体操作如下：

① 在总概算信息当中填入行车干扰次数168，其中10号工次数为0（10号工是封闭作业工，一般不计行车干扰，需要计取的请填上），如图2-6-33，此时表示当前总概算01单元所有小计的行车干扰次数为168次。

② 在左边章节条目中选中路基土方中的机械施工，条目编号为0202-01-01-01-02，打开右边属性[参数调整]，选中[取费系数]，将[行车干扰系数]改为1，由于此条目的行车干扰次数也是168，和总概算信息中的次数一样，因此不需要再修改。

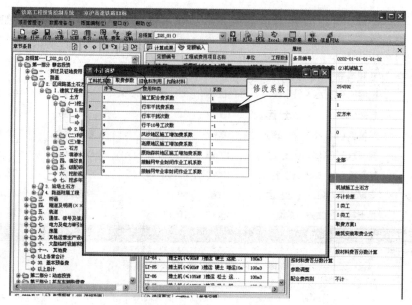

图 2-6-33　修改行车干扰系数

十、计　算

计算分为三种情况。

（1）只计算某一条目或某章节。选中需要计算的条目，点击计算按钮，如图 2-6-34，选中第二章路基，点击[计算]，软件只计算第二章。

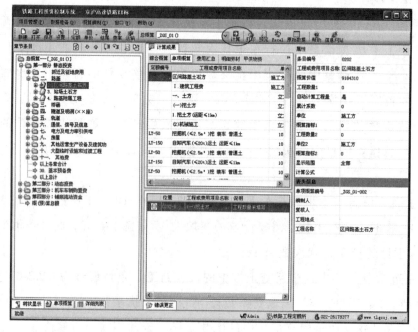

图 2-6-34　只计算某一章节

（2）计算整个总概算单元。左边点中最上边的总概算条目（），单击[计算]按钮，软件做出如下提示（图 2-6-35），其中[否]表示只统计劳材，不再重新计算定额单价。

图 2-6-35　软件提示是否重新计算所有定额

（3）计算所有总概算，单击菜单[概算编制]-[计算所有总概算]，选择总概算后开始计算，见图 2-6-36。

图 2-6-36　总概算的选择与计算

十一、单项概算表的定义、出表

1. 单项概算标识的定义

单项概算表的出表需要定义单项概算标识，软件通常默认"节"为单项概算，如图 2-6-37。

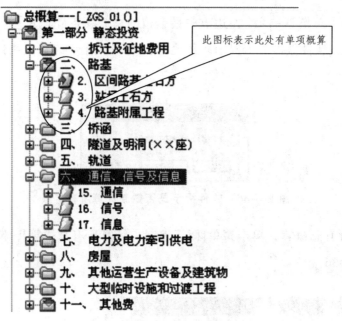

图 2-6-37　单项概算标识

单项概算标识的位置可以根据情况自行修改，例如软件默认在第二章第二节[区间路基土石方]定义了单项概算，现在用户想对其中的土方和填渗水土各出一个单项概算，操作方法如下：

（1）点中[区间路基土石方]单击右键，单击[删除单项概算标识]（图 2-6-38）。因为单项概算标识不能嵌套定义，所以首先删除标识，然后再定义土方和石方。

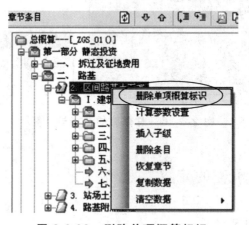

图 2-6-38　删除单项概算标识

（2）选中[土方]并单击右键，单击[创建单项概算标识]即完成定义（图 2-6-39），[填渗水土]同样操作。

图 2-6-39 创建单项概算标识

2. 单项概算表的预览和打印

根据出表的数量，软件提供两种方式预览和打印单项概算表。

（1）单张单项概算表。

例如，我们出一张刚才定义的土方单项概算。

在左边章节条目选中[土方]，点中间[计算成果]-[单项概算]，再单击工具栏的[预览]按钮，或者点击 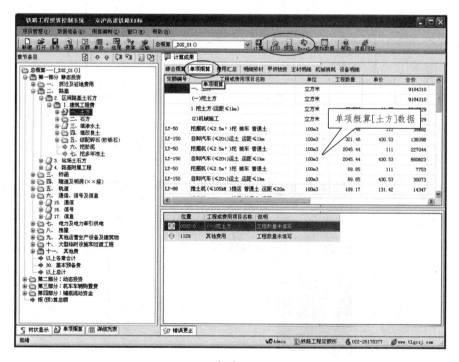 图标以 Excel 形式出表，见图 2-6-40。

（a）

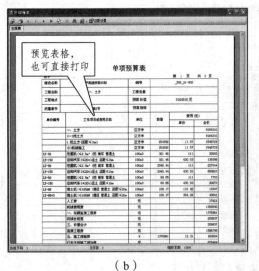
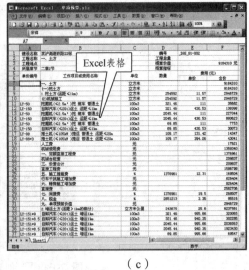

| （b） | （c） |

图 2-6-40　预览和打印单张单项概算表

（2）多张单项概算表。

　　整个总概算计算完成之后，单击[概算编制]-[报表输出]，如图 2-6-41，左边点中[单项概算]，选择需要单项概算，点击[Excel]或者[打印]。

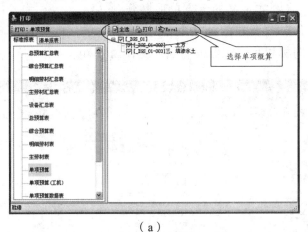

（a）

（b）

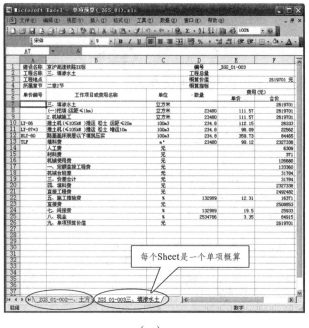

（c）

图 2-6-41　输出多张单项概算表

3. 补充材料、补充机械、补充设备、补充定额的导入导出

单机版软件的补充数据均只是补充在当前项目中，如果需要将补充数据应用到其他项目中，就需要应用导入导出的功能了。以补充材料为例，打开[数据准备]-[项目补充]-[补充材料]，如图 2-6-42，里面已经做好了很多补充材料，现在需要将如下补充材料导入到其他项目中使用，单击[导出]按钮。

电算代号	材料名称	单位	基期单价	编制期价	单重(Kg)	换算系数	汇总标志	主材	甲供方式	运输
400000001	薄板	m3	1013	1013	600	1		☑		木材
400000002	方木	m3	1013	1013	650	1		☑		木材
400000003	石碴	m3	18.6	18.6	1500			☑		道碴
400000004	建筑石油沥青	kg	1.59	1.59	1			☐		辅材
400000005	107胶水	kg	1.9	1.9	1			☐		辅材
400000006	石棉扭绳	kg	22.43	22.43	1			☐		辅材
400000007	圆钢 Q235	kg	3.31	3.31	1			☑		钢铁管
400000008	通信用镀锌低碳钢丝	kg	4.78	4.78	1			☐		辅材
400000009	油性调和漆	kg	10.27	10.27	1			☐		辅材
400000010	酚醛调和漆	kg	9.76	9.76	1			☐		辅材
400000011	组合定位器（软横…	套	580	580	0.001			☑		辅材
400000012	铝合金定位器（站…	套	115.9	4.78	0.001			☑		辅材
400000013	特型定位环（单耳）	套	100	100	0.001			☑		辅材
400000014	定位管及附件	套	460	460	0.001			☑		辅材

系统管理员:Admin ▼ 补充材料范围:400000001---400009999　　　　　　　在输入其它数据前,请先输入电算代号!

图 2-6-42　补充材料信息

107

打开如图 2-6-43 所示窗口，选择导出文件的路径，输入文件名，点击[保存]。

图 2-6-43　导出补充材料信息

导出的文件以 Excel 文件 [图标] 形式保存，下面进行文件的导入。打开需要导入补充材料的项目，打开补充材料窗口，单击[导入]按钮，如图 2-6-44，选择刚才导出的 Excel 文件，点击[打开]。

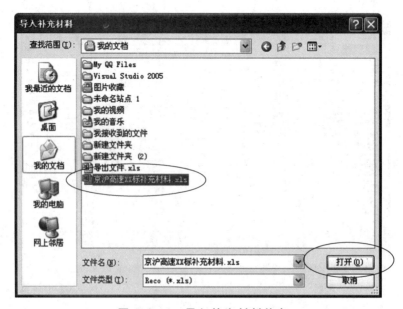

图 2-6-44　导入补充材料信息

导入成功后，软件做出提示，数据已显示在当前项目中，见图 2-6-45。

电算代号	材料名称	单位	基期单价	编制期价	单重 (Kg)	换算系数	汇总标志	主材	甲供方式	运输
400000001	薄板	m3	1013	1013	600	1		☑		木材、
400000002	方木	m3	1013	1013	650	1		☑		木材、
400000003	石碴	m3	18.6	18.6	1500			☑		道碴
400000004	建筑石油沥青	kg	1.59	1.59	1			☐		辅材
400000005	107胶水	kg	1.9	1.9	1			☐		辅材
400000006	石棉扭绳	kg	22.43	22.43	1			☐		辅材
400000007	圆钢 Q235	kg	3.31	3.31	1			☑		钢铁管
400000008	通信用镀锌低碳钢丝	kg	4.78	4.78	1			☐		辅材
400000009	油性调和漆	kg	10.27	10.27	1			☐		辅材
400000010	酚醛调和漆	kg	9.76	9.76	1			☐		辅材
400000011	组合定位器（软横…	套	580	580	0.001			☑		辅材
400000012	铝合金定位器（站…	套	115.9	115.9	0.001			☑		辅材
400000013	特型定位环（单耳）	套	100	100	0.001			☑		辅材
400000014	定位管及附件	套	460	460	0.001			☑		辅材

▥添加 ▣编辑 ▷导入 ▷导出

系统管理员:Admin ▾ 补充材料范围:400000001---400009999 　　　　　　在输入其它数据前,请先输入电算代号!

图 2-6-45　完成导入并显示补充材料信息

注意：导出的 Excel 文件请不要自行修改，以免格式不正确，数据导入出错。

参考文献

[1]   谢黔江. 铁路工程概预算. 2013.

[2]   铁道部. 铁建设〔2006〕113 号   铁路基本建设工程设计概（预）算编制办法.

[3]   侯惠茹. 铁路工程概预算. 北京：中国铁道出版社，2000.

[4]   田元福. 铁路工程概预算. 成都：西南交通大学出版社，2009.

[5]   李明华. 铁路及公路工程施工组织与概预算. 北京：中国铁道出版社，2009.

[6]   焦红. 建筑工程概预算习题集. 北京：机械工业出版社，2011.

附录 常用概（预）算表格

附表 1 单项概（预）算表（表甲）

表甲 第 页 共 页

建设名称			编 号		
工程名称			工 程 总 量		
工程地点			概（预）算价值		
所属章节	章 节		概（预）算指标		

单价编号	工程项目或费用名称	单位	数量	费用（元）		重量（t）		费用（元）		
				单价	合价	单重	合重	工	料	机

编制 年 月 日 复核 年 月 日

附表 2 单项概（预）算表（表乙）

单价编号	工程项目或费用名称	单位	数量	费用（元）		重量（t）		费用（元）		
				单价	合价	单重	合重	工	料	机

编制　　　年　月　日　　　　　　　　　　　　　复核　　　年　月　日

附表 3 综合概算表（表甲）

表甲

工程名称										
工程总量			编制范围				编　号			
概算总额						技术经济指标				
章别	节号	工程及费用名称	单位	数量	概算价值（元）					技术经济指标
					I 建筑工程	II 安装工程	III 设备购置费	IV 其他费	合计	指标（元）
一	1	拆迁及征地费用	正线公里							
二	2	路基	正线公里							
		区间土石方	断/施							
		一、土方	施工方							
		三、石方	施工方							
	3	站场土石方	断/施							
		一、土方	施工方							
		三、石方	施工方							
	4	路基附属工程	正线公里							
		一、附属土石方	断面方							
		二、路基加固防护	端面方							
		三、挡土墙	圬工方							
三		桥涵	正线公里							
	5	特大桥	延长米							
	6	大桥	延长米							
	7	中桥（8座）	延长米							
	8	小桥（16座）	延长米							
	9	涵洞（45座）	横延米							

附表 4　综合概算表（表乙）

表乙

章别	节号	工程及费用名称	单位	数量	概算价值（元）					指标（元）
					I 建筑工程	II 安装工程	III 设备工器具	IV 其他费	合计	
四		隧道及明洞	正线公里							
	10	隧道（座）	延长米							
	11	明洞	正线公里							
五		轨道	正线公里							
	12	正线	铺轨公里							
	13	站线	铺轨公里							
	14	线路有关工程	正线公里							
六		通信、信号及信息	正线公里							
	15	通信	正线公里							
	16	信号	正线公里							
	17	信息								
七		电力及电力牵引	正线公里							
	18	电力	正线公里							
	19	电力牵引供电	正线公里							
	20	房屋	正线公里							
八		其他运营生产设备及建筑物	正线公里							
	21	给排水	正线公里							
	22	机务	正线公里							
	23	车辆	正线公里							
	24	站场	正线公里							
	25	工务	正线公里							
	26	其他建筑及设备	正线公里							
九	27	大型临时设施和过渡工程	正线公里							
十	28	工器具及生产家具购置费	元							

章别	节号	工程及费用名称	单位	数量	概算价值（元）				指标（元）
					I 建筑工程	II 安装工程	III 设备工器具	IV 其他费	合计	
十一	29	其他费用	元							
		一、土地征用、拆迁建筑手续费	元							
		二、研究试验费	元							
		三、建设项目管理费	元							
		四、建设项目前期工作费	元							
		五、研究试验费	元							
		六、计算机软件开发与购置费	元							
		七、联合试运转及工程动态检测费	元							
		八、生产准备费	元							
		九、其他	元							
		以上各章合计	元							
十二	30	基本预备费	元							
		以上各章合计	正线公里							
		第二部分：动态投资	元							
十三	31	工程造价增涨预留费	元							
十四	32	建设期投资贷款利息	元							

章别	节号	工程及费用名称	单位	数量	概算价值（元）					指标（元）
					I 建筑工程	II 安装工程	III 设备工器具	IV 其他费	合计	
十五	33	第三部分：机车车辆购置费 机车车辆购置费	元 元							
十六	34	第四部分：铺底流动资金 铺底流动资金	元							
		概（预）算总额	正线公里							

编制　　　　年　月　日　　　　复核　　　　年　月　日　　　　项目总工程师　　　　年　月　日

116

附表 5　总概（预）算表

建设名称 _____　编号 _____

编制范围 _____　概（预）算总额 _____

工程数量 _____

章别	费用类别	工程数量	概（预）算价值（万元）					技术经济指标（万元）	费用比例（%）
			I 建筑工程费	II 安装工程费	III 设备购置费	IV 其他费	合计		
	第一部分：静态投资								
一	拆地及征地费用								
二	路基								
三	桥涵								
四	隧道及明洞								
五	轨道								
六	通信、信号及信息								
七	电力及电力牵引供电								
八	房屋								
九	其他运营生产设备及建筑物								
十	大临与过渡工程								
十一	其他费用								
	以上各章合计								
十二	基本预备费								
	第二部分：动态投资								
十三	工程造价增长预留费								
十四	建设期投资贷款利息								
	第三部分：机车车辆购置费								
十五	机车车辆购置费								
	第四部分：铺底流动资金								
十六	铺底流动资金								
	概（预）算总额								

编制　　　　年　月　日　　　　复核　　　　年　月　日

117